国情教育研究书系

袁振国◎主编

中国继续教育发展报告 *2012*

赖立 等 著

教育科学出版社

·北京·

[丛书总序]

为打造具有国家水准、国际视野的教育科研成果，更好地服务于办好人民满意的教育，服务于全面建成小康社会，在中央级公益性科研院所基本科研业务费专项基金的支持下，我院系统开展了对国内国际重大教育理论与实践问题的研究，形成了"国情、国视、国菁、国际"四大书系。

"国情"书系以年度发展报告的形式，全面反映我国各级各类教育的成就、经验和挑战，对全国各省、自治区、直辖市教育发展和政策进行区域比较，对我国各级各类教育的发展水平进行国际比较，力求对我国教育的数量、规模、结构、效益和质量做出科学判断。

"国视"书系着眼于社会关注的教育热点问题，着眼于基础性、前瞻性问题，以了解事实、回应关切、提供政策建议为主要目的，探索教育发展规律。

"国菁"书系专门研究大中小学生的生活状态，涉及学校生活、家庭生活、社会生活、网络生活等，通过调查研究，了解当代学生的行为特点和思想情感，为研究如何促进学生的全面发展提供科学依据。

"国际"书系分为著作和译作两类，主要反映国际教育改革发展动态，回顾国际教育的历史进程，跟踪国际教育的改革动态，把握国际教育的发展趋势。

四大书系既各自独立又相互联系，在保持各书系特点的同时，力求做到：

一、"用数据说话"。数据是研究和决策的基础。四大书系力图建立在数据和事实的基础之上,通过对数据的搜集、提炼、整合、分析,发现问题,探索规律。

二、"通过比较说话"。没有比较就没有鉴别。书系力求通过国别比较、区域比较、类型比较、结构比较,发现真知,提供卓见。

三、"协同创新"。协同创新是提高创新效率和创新水平的战略要求。书系研究调动院内外、系统内外、国内外资源,注重人员交叉、学科交叉、方法交叉,力求有所创新、有所突破。

四大书系的编辑出版是我院全面提高教育科研水平的一项整体努力,也是建设国家一流教育智库的客观要求。在研究和写作过程中,书系得到了相关机构和同仁的大力支持,特别是得到了教育部相关司局及有关部委的大力支持,在此一并致谢!我们将以此为起点,不懈努力,为推动中国教育事业在新的历史起点上向前发展发挥不可替代的作用。

编者

2012 年 12 月

目 录
CONTENTS

［序　言］

《中国继续教育发展报告 2012》① 从我国基本国情和各地继续教育的实际出发，以科学发展观为指导，依据相关统计数据，通过实证调查、典型案例分析，对我国继续教育发展的现状、重大改革推进以及面临的挑战进行概括总结，对 31 个省、自治区、直辖市（以下简称 31 个省区市）继续教育的规模、效益、公平性、潜力和贡献力进行综合评价，并从国际视角考察我国继续教育的发展水平和变化，寻找与世界的差距，试图从中发现规律和问题，提出应对策略，为加快发展我国继续教育提供参考依据。

一、总体变化

改革开放 30 多年来，我国继续教育为广大社会成员提供了多渠道接受中、高等学历教育和各类培训的机会，为国家现代化建设培养了大批急需的专门人才，在国家经济建设、科技进步和社会发展中发挥了重要作用。各类继续教育取得长足发展，主要表现在以下几个方面。

---

① 本报告研究范围主要涉及中国大陆地区，不含港澳台地区。

（一）学历继续教育总体保持稳定，重在调整结构、多元发展

1. 高校学历继续教育持续平稳发展，但两类办学变化趋势不一

2010 年，全国高校成人本专科在校生规模为 536.04 万人，是普通本专科在校生规模的 1/4。与 2001 年的 455.98 万人相比，略有增加。2001—2010 年 10 年间基本稳定在 500 万人左右。

普通高校是开展学历继续教育的主要力量。2010 年普通高校成人本专科在校生规模达历史新高，为 489.40 万人，占成人本专科在校生总数的九成以上。其中，成人本科在校生为 219.86 万人，占普通高校成人本专科在校生总数的 44.92%；专科在校生为 269.54 万人，占 55.08%。普通高校学历继续教育以函授和业余学习为主，函授在校生占 56.06%，业余在校生占 42.02%，脱产班在校生仅占 1.93%。

独立设置的成人高等学校逐年锐减。2001—2010 年，独立设置的成人高校由 686 所调整为 365 所，减少近一半。2010 年，成人高校本专科招生 18.36 万人，仅占成人本专科招生总规模的 8.81%。成人高校本科招生比 2009 年减少了 19.01%；成人高校专科招生下降了 12.09%。成人高校在校生以专科为主，本科在校生规模为 5.19 万人，比 2009 年减少 2.83 万人，下降 35.29%。本科在校生占成人高校在校生总数的 11.12%。

2. 远程继续教育规模不断扩大，但发展机会不均等

经过 30 多年的发展，截至 2010 年，我国广播电视大学系统，包括中央广播电视大学（简称中央电大）在内，共有 44 个省级电大、1103 个地市级电大分校（工作站）、1853 所县级电大工作站，办学网络覆盖全国城乡。电大学历继续教育以开放教育为主，2010 年，电大学历教育共招生 97.19 万人，其中，开放教育招生 91.92 万人，占招生总数的 94.58%；统招高等教育招生数为 5.27 万人，仅占招生总数的 5.42%。2010 年，开放教育在读生达到 279.60 万人，比 2008 年的 224.97 万人增长 24.28%；统招在读生规模比 2008 年减少 2.50 万人，下降 13.72%。

网络学历教育起步稍晚，但发展势头强劲。自 1999 年以来，全国共有 68 所普通高校和中央电大开展现代远程教育（网络教育）试点。2010 年，

网络教育本专科招生 166.37 万人，比 2002 年的 43.42 万人增加近三倍。网络本专科在学规模从 2002 年的 108.22 万人增加到 2010 年的 453.14 万人，是 2002 年的四倍多。各试点高校现代远程教育共开设 396 个专业，专业点 2292 个，覆盖 11 个学科门类；同时，积极建设以卫星、电视和互联网等为载体的远程开放教育及公共服务平台，为学习者提供方便、灵活、个性化的学习条件。但是，开展网络教育试点院校主要集中在优质教育资源相对丰富的京津地区和华东地区，占全国试点院校一半以上，而华南地区和西北地区试点院校分布很少。

3. 自学考试稳中求进，层次结构发生变化

我国自学考试保持积极发展态势，自建立自学考试制度以来，截至 2010 年底，累计报考人数达 2.17 亿人次，培养本专科毕业生约 982 万人，中专毕业生 40 余万人。高等教育自学考试一直以专科学历为主，随着社会对人才学历规格要求的提高，以及高等职业教育的发展，自学考试出现本科教育需求增长的趋势，专科教育报考人数下降，本科教育报考规模上升。2010 年，全国高等自学考试报考人数为 965.00 万人，其中，本科报考人数为 610.94 万人，占报考总数的 63.31%；专科报考人数为 354.06 万人，占报考总数的 36.69%。高等教育自学考试的另一变化是向非学历证书考试延伸，非学历教育考试发展迅速。2010 年，非学历教育报考规模从 2001 年的 200 多万人次猛增至 1103 万人次，已超学历教育报考规模。

4. 成人中等学历教育出现滑坡，"生存"危机有所显现

成人高中学校数量持续减少，在校生数量下滑。2009 年全国有成人高中 753 所，2010 年只剩 654 所。2010 年成人高中在校生人数比 2009 年减少了 6.58 万人。2010 年，全国有成人中专 1720 所，比 2009 年减少了 163 所。但成人中专的招生人数保持增长态势，2010 年成人中专招生人数突破百万，比 2009 年增长 33.63%。2010 年，全国有成人初中 1589 所，比 2009 年增加了 31 所。成人初中在校生规模为 63.00 万人，比 2009 年增长了 29.12%。

（二）非学历继续教育持续升温，成人培训参与率还需提高

1. 高校非学历继续教育发展提速，中等职业技术培训机构培训量不足

高校结合自身的优势和特色，在办学理念、发展定位、服务区域、人才培养层次等方面进行战略转型，加强与行业、企业、社区的合作，开展大学后继续教育、中高层次岗位培训、职业资格证书教育，开拓教育培训新领域，非学历教育培训呈现出积极态势。2006—2010 年，高校非学历继续教育注册生从 249.56 万人增加到 332.89 万人，增长 33.39%。2010 年高校非学历继续教育结业生比 2006 年增加 346.57 万人，增长 94.69%。

2010 年，全国共有中等职业技术培训机构 12.94 万所，教学点 53.30 万个。2006—2010 年，中等职业技术培训机构数量连年下降，从 2006 年的 17.77 万所减至 2010 年的 12.94 万所，减少 27.15%。其中，农村成人文化技术培训学校比 2006 年减少 44266 所，减少近 1/3。中职培训机构数量减少，培训量也明显不足，中职培训机构校均培训量为 380 人次，职工技术培训学校校均培训量最高，为 1212 人次；而农村成人文化技术学校校均培训量仅为 320 人次。

2. 成人培训需求与日俱增，但培训参与率参差不齐

职工培训参与率逐步上升。2010 年参与调查统计的 27 个省区市约有 5279.1 万职工，参加非学历继续教育的培训人数为 2545.99 万人，培训参与率达到 48.23%，比 2009 年增加 0.82 个百分点。女职工参加职工培训人数约 917.16 万人，培训参与率为 44.87%。在管理人员、专业技术人员和工人三类培训中，专业技术人员培训参与率达到 64.94%，居三类人员培训之首，其次是管理人员，为 52.11%，工人培训参与率为 46.12%。

社区教育参与率不断提高。据对全国 110 个社区教育实验区、示范区有关调查统计，2010 年，培训居民共计 4704.28 万人，培训率达 50.77%，其中，63 个全国社区教育示范区培训率达 55.10%，47 个实验区的培训率为 42.84%。在社区教育各类人员培训中，培训率最高的是下岗失业人员培训，约占 68.88%。

农村劳动者培训参与率有所回落。2010 年，全国教育系统农村实用技

术培训人数为3711.71万人，农村实用技术培训率为7.79%。与2006年相比，培训人数减少808.87万人，培训率下降了1.18个百分点。这与劳动力大量转移、农村成人文化技术学校的基础能力薄弱有一定的关系。

3. 扫盲教育成果卓著，但缩小差距任务繁重

从2000年中国向全世界宣布基本扫除青壮年文盲到2010年全面实现"两基"，扫盲教育走过了不平凡的10年，共扫除1791.18万文盲，文盲人口数大幅度下降，女性文盲率下降明显。尽管如此，扫盲任务依然艰巨。2010年，全国15岁及以上人口中成人文盲人口为5419.09万人，成人文盲率为4.88%。其中，女性文盲为4001.19万人，女性文盲率为7.29%，女性文盲占成人文盲总数的72.66%。而50岁及以上文盲为4609.40万人，占15岁及以上文盲人口的85.06%；60岁及以上文盲占68.48%。

（三）继续教育公共投入相对不足，基础薄弱的困境亟待改变

1. 经费收入总量略有减少，各项支出亦呈下降趋势

2010年，各级继续教育机构教育经费收入总量为208.03亿元，比2009年减少3.26亿元，降低了1.54%。其中，国家财政性继续教育经费达到120.45亿元，比2009年增加4.88亿元，增长4.22%，约占当年继续教育经费总量的57.90%。各级继续教育机构事业收入总额为76.54亿元，比2009年减少7.07%，约占当年继续教育经费总量的36.79%。各级继续教育机构的其他收入为9.89亿元，比2009年减少了2.68亿元，降幅为21.32%，约占当年继续教育经费总量的4.75%。

2010年，各级继续教育机构教育经费支出总量为202.50亿元，比2009年减少了5.27亿元，降幅为2.54%。其中，事业性经费支出和基本建设支出分别为198.91亿元和3.58亿元，分别比2009年下降2.00%和25.42%。成人高校事业性经费支出和基本建设支出分别为123.30亿元和2.87亿元，分别比2009年下降5.44%、33.56%。

2. 成人高校专任教师队伍不稳，结构不尽合理

2010年，各级继续教育机构（不含普通高校举办的成人高等教育，下

同）教职工总量为 70.60 万人，比 2009 年减少了 5.71 万人，降幅为 7.48%。其中，独立设置的成人高校专任教师数量为 4.59 万人，比 2009 年减少了 3.71 万人，降幅为 44.72%。

成人高校和成人中专专任教师队伍结构有所变化，但总体不尽合理。一是学历结构相对稳定，2010 年成人高校专任教师本科学历占 74.46%，研究生学历占 19.82%；成人中专专任教师本科学历占 72.80%，研究生学历占 2.43%。二是职称结构中副高和中级职称人数下降，分别比 2009 年减少 1321 人和 1704 人。三是年龄结构略趋偏大，40 岁以下各年龄段人数减少最多，年轻教师补充不足，人员出现老化迹象。

3. 基础设施有所减少，办学条件尚待改善

与 2009 年相比，2010 年，成人高校、成人中专学校和各类职业技术培训学校的校舍面积均有所减少，学校资产呈萎缩状态，占地面积、拥有图书、教学用计算机、多媒体教室座位、上网课程、教学科研仪器设备资产值、学校固定资产值等数量也逐年减少。

4. 社会文化资源日趋丰富，但资源开放度和共享性偏弱，成为发展的
   瓶颈

2010 年，各类群众文化场馆建设有了新的发展，全国共有包括剧场、影剧院、音乐厅等在内的各种艺术表演场馆 2112 个，艺术馆、文化馆（站）约 4.34 万个，公共图书馆 2884 个，博物馆 2435 个，体育场馆 741 个。图书、期刊、报纸和音像制品不断丰富，全国共发行图书 32.84 万种、期刊近万种、报纸近 2000 种、录音制品 2.39 亿盒（张）、音像制品 2.57 亿盒（张）。全国广播节目综合人口覆盖率达 96.78%，电视节目综合人口覆盖率达 97.62%，互联网普及率为 34.30%，互联网上网人数达 4.57 亿人。社会文化资源日趋丰富，但资源分布存在较大差异，覆盖面和覆盖人群受到一定的限制，整合资源，提高开放度和共享度，是突破发展瓶颈的重要一环。

二、区域比较

（一）人力资源水平普遍提高，但地区、城乡、群体间不平衡

1. 31 个省区市成人文盲人口大幅下降，但成人识字率分布不均

2010 年全国 15 岁及以上成人文盲率为 4.88%，与 2000 年相比，10 年间文盲人口减少了 3280.12 万人，成人文盲率下降了 4.2 个百分点。经过长期艰苦努力，全面实现普及九年义务教育和扫除青壮年文盲的"两基"战略目标，西部地区扫盲教育成效明显，西藏成人文盲率从 47.25% 减少为 32.29%，下降近 15 个百分点；青海成人文盲率下降 12.5 个百分点。但在 31 个省区市中，成人识字率分布极不均衡，全国成人识字率为 95.12%，北京最高，为 98.14%，西藏最低，为 67.71%，相差 30.43 个百分点；青海为 87.06%，与北京相差 11.08 个百分点。城市人口成人识字率为 98.10%，乡村人口成人识字率为 92.74%，城乡相差 5.36 个百分点。全国男性成人识字率为 97.48%，女性成人识字率为 92.71%，相差 4.77 个百分点。

2. 31 个省区市受过高中和高等教育的人口增幅明显，但人均受教育年限差异较大

2010 年，全国每 10 万人拥有大学（大专及以上）文化程度的人口平均为 8930 人，与 2000 年第五次全国人口普查相比，增长 147.30%；31 个省区市中，每 10 万人中拥有大学文化程度人口数北京遥遥领先，有 31499人，高出全国平均值两倍多；最少的是贵州，仅有 5292 人，为北京的 1/6。2010 年全国 6 岁及以上人口平均受教育年限为 8.8 年。在 31 个省区市中，6 岁及以上人口平均受教育年限最高的是北京（11.5 年），其次是上海（10.5 年）、天津（10.2 年），排位较低的是云南（7.6 年）、贵州（7.4年）、西藏（5.3 年）。

3. 31 个省区市高层次人才比重增大，但总量仍显短缺

2010 年全国就业人员中受过高等教育（即具有大专及以上学历）的有 719.29 万人，占就业人员总数的 10.05%；在 31 个省区市中，超过全国平均值的有 16 个。就业人员中受过高等教育人口比例最高的 5 个省区市为：北京（39.00%）、上海（28.30%）、天津（21.50%）、新疆（13.90%）、辽宁（13.60%）；而比重较低的 5 个省区为：西藏（7.10%）、贵州（7.10%）、四川（7.00%）、河南（6.80%）、云南（6.50%）。在 31 个省区市中，单位从业人员中有高级专业技术职称人员占从业人员比例最高的 5 个省区市为：北京、宁夏、青海、黑龙江、天津；而有专业技术职称的从业人员中具有高级职称人员比例最高的 5 个省市为：北京、天津、辽宁、黑龙江、吉林。

（二）继续教育机会逐步增多，但资源优势东强西弱

1. 学历继续教育走向多样化，但机会均等存在差距

2010 年，全国高等学历继续教育在学（读）总规模达 1031.21 万人，其中成人本专科在读生 536.04 万人，网络本专科在读生 453.14 万人，在职攻读博硕学位的有 42.03 万人。从类型分，函授教育在读规模为 274.3 万人，业余/夜大教育在读规模为 205.6 万人，成人脱产班在读规模为 9.42 万人。31 个省区市高等教育自学考试报考人数为 965 万人，本专科毕业为 68.73 万人。继续教育机会的增多，使 15 岁及以上人口中成人大中专学历教育在校生规模达 1201.58 万人，占 15 岁及以上人口总数的 1.08%。但优质继续教育资源主要集中在东中部地区和城市。北京拥有较多的继续教育机会，2010 年，北京有 96 所①高等学校开展继续教育，其中部委院校 36 所，市属院校 22 所，高职院校 20 所，独立设置的成人高校 18 所，成人本专科在校生规模达 27.32 万人，在 31 个省区市中占成人本专科在校生比例最高，为 31.8%。教育部批准 68 所普通高校和中央电大开展现代远程教育试点，其中，京津地区有 21 所，华东地区有 15 所，占全国试点院校一半以上；全国网络教育本专科在读生 453.14 万人，北京网络教育本专

---

① 北京市教育委员会. 北京高等学校继续教育质量报告 2010 [R]. 2011.

科在读生 319.65 万人，占全国总数的 70.54%。河北、山西、内蒙古、江西、广西、海南、贵州、云南、西藏、青海、宁夏、新疆等 12 个省区没有现代远程教育试点院校，网络本专科教育还是空白。

2. 非学历继续教育需求旺盛，但供给不足、参与率不高

2010 年，全国参加成人非学历教育培训注册生规模达 5257.89 万人（包括成人高等非学历培训注册生和成人中等职业技术培训注册生），占 15 岁及以上人口总数的 4.73%。北京 15 岁及以上人口参加成人非学历教育培训比例最高，为 19.70%，其次是上海，为 14.48%，云南为 11.00%，新疆为 10.30%。2010 年，全国 27 个省区市 5279.1 万职工中参加学历继续教育和各类培训的共计 2883.4 万人，职工全员培训率为 54.60%。由于继续教育发展水平存在差距，直接影响各类人群培训参与率，总体而言，高学历人群培训参与率高于低学历人群，专业技术人员培训参与率高于一线员工，城镇从业人员培训参与率高于农村从业人员。专业技术人员培训参与率为 64.94%，工人培训参与率为 46.12%；职工培训参与率为 48.23%，社区教育参与率为 55.10%，但教育系统农村实用技术培训率仅为 7.79%，农村劳动力转移培训率为 8.58%；特别是弱势群体处于"低技能、少培训、低待遇"的困境，需要加强政策倾斜，加大培训投入，以能力建设为本，促进就业、转岗和生活质量提高。

（三）继续教育投入有所下滑，社会参与度不够广泛

2010 年，全国继续教育经费总收入为 208.03 亿元，比 2009 年减少 3.26 亿元，下降 1.54%。在 31 个省区市中，继续教育经费总收入超过 10 亿元的省市共有 8 个，依次为上海、浙江、四川、广东、江苏、北京、河南、山东。上海位居第一，为 18.08 亿元，浙江为 16.76 亿元，四川为 15.53 亿元。全国成人教育事业收入 765.43 亿元，比 2009 年减少 58.09 亿元，下降 7.05%。成人教育事业收入比 2009 年减少超亿元的有山东（2.70 亿元）、北京（1.30 亿元）、广东（1.30 亿元）和浙江（1.20 亿元）。

继续教育经费来源以国家财政性教育经费为主渠道，各级财政对继续教育的投入起保障性作用。2010 年，国家财政性继续教育经费中，各级继

续教育机构公共财政预算教育经费为 110.77 亿元，约占当年国家财政性教育经费的 91.96%。各级政府征收用于继续教育的税费为 6.82 亿元，约占当年国家财政性教育经费的 5.66%。在企业办学中，用于继续教育的企业拨款为 1.77 亿元，约占当年国家财政性教育经费的 1.47%。总体来看，继续教育共同分担成本、多渠道筹措经费投入机制尚不完善，全社会广泛参与和支持继续教育的局面有待进一步开拓。

三、国际视野

（一）中国继续教育规模位居世界前列，但继续教育发展水平与发达国家差距明显

中国继续教育内涵丰富、体系完备、形式多样、发展规模居世界前列。2010 年学历继续教育规模达 1512.77 万人，非学历成人培训规模达 5624.81 万人；企业职工培训规模达 9000 万人次，累计有 6000 万人次获得各种职业资格证书。中国建立起以卫星、电视联网为载体的远程教育和教学服务平台，现代远程教育的骨干——广播电视大学系统，已成为世界上规模最大的高等学校系统。但中国继续教育基础相对薄弱，继续教育管理体制、发展机制、人才培养模式、质量评估等与发达国家存在较大差距。

（二）中国扫盲教育解决了世界性难题，在 9 个人口大国中率先实现全民教育目标

中国是一个人口大国，文盲众多是长期困扰中国发展的一大难题。《全民教育全球监测报告 2009》指出，全球估计有 7.76 亿成人（占全球成人人口的 16%）缺少基本识字的技能，其中 2/3 是妇女。全球 80% 的成人文盲集中于 20 个国家，而孟加拉国、中国和印度就占了一半。为此，中国举全国之力，长期坚持不懈全面实施九年义务教育，大力扫除青壮年文

盲，2001 年中国基本扫除青壮年文盲，2010 年中国在 9 个人口大国中率先实现全民教育的目标，全面扫除青壮年文盲，青壮年文盲率为 2% 以下，成人文盲率降至 4.88%。中国文盲总量从 1985—1994 年段的 1.81 亿人，下降到 2005—2009 年段的 0.65 亿人。其中，15—24 岁青年文盲数量下降迅速，1985—1994 年段 15—24 岁的青年文盲数为 1409.6 万人，到 2005—2009 年段下降到 145.7 万人。同期，青年文盲人口世界平均下降幅度是 25.23%，发展中国家下降幅度是 25.19%，发达国家下降幅度是 43.08%，中国 15—24 岁青年文盲数下降幅度近 90%。

（三）中国成人识字率和成人受教育年限高出世界平均水平，但远不及发达国家

成人识字率反映各国教育的普及程度。《全民教育全球监测报告 2012》数据显示，2005—2009 年段，全球 15 岁以上人口平均识字率为 84%。2005—2009 年段，中国 15 岁以上人口识字率为 94%，比世界平均水平高出 10 个百分点，在 9 个发展中人口大国中排第一位。从发展来看，中国 2005—2009 年段 15 岁以上人口识字率比 1985—1994 年段提高了 19 个百分点，高于印度、墨西哥、哥伦比亚、印度尼西亚、马来西亚等国家，但低于俄罗斯、阿根廷、菲律宾等国家。

联合国开发计划署"2011 年人类发展及人类发展指数排名"显示，世界各国成年人平均受教育年限为 7.4 年，成人平均受教育年限最高的是挪威，为 12.6 年，最低的是莫桑比克，仅 1.2 年，中国成人平均受教育年限为 7.5 年，高出世界平均水平 0.1 年，排在 187 个国家的第 104 位①。

（四）中国成人学历水平远远落后于 OECD 各国平均水平，接受继续教育具有潜在需求和动力

OECD（经济合作与发展组织）各国 25—64 岁人口受过高等教育的人

---

① 据第六次全国人口普查相关数据测算，2010 年中国 15 岁及以上人口平均受教育年限为 9.1 年，排位应有较大的提升。

口比例，2009 年的平均值为 30%，其中，加拿大 25—64 岁人口中受过高等教育的比例最高，达 49%，日本为 43%，美国为 41%。我国 2011 年主要劳动年龄人口受高等教育平均值为 10%，低于 OECD 国家平均值 20 个百分点。OECD 各国 25—64 岁人口拥有高中学历的比例平均为 44%。我国平均值为 14.8%，远落后于 OECD 各国平均水平。这一方面反映出我国成人学历水平存在的差距，另一方面说明成人学历水平的提高需要加快发展继续教育。

（五）发达国家继续教育体制日臻成熟，为完善我国继续教育体制提供了借鉴

尽管世界各国由于经济社会发展水平不同、历史文化背景不同、教育发展水平和程度不同、对继续教育内涵的理解不同，继续教育具有各自的特色，但各国都不约而同地在政策立法、发展模式、多元投资、资源共享、质量保障等方面做出了许多有益尝试，发达国家继续教育制度建设和体制改革的实践，为我国继续教育发展提供经验和启示。

1. 注重依法发展继续教育

继续教育的法制化已成为各国发展继续教育事业的有效手段。由于国际经济竞争日益加剧，加之新技术革命的挑战，继续教育的地位和作用日益凸显，世界各国为了保证和推动继续教育发展，相继制定了继续教育法律和法规。

2. 设立专门的管理体制

世界各国为加强继续教育管理，都设立了相应的管理机构。由于各国的国情和管理体制不同，各国继续教育管理呈现出不同特点。如美国继续教育实行分权制管理，联邦、州和地方政府各负其责。英国形成了"教育和技能部、学习和技能委员会、继续教育和培训机构"三级管理框架结构，并对各级管理部门的职能做了清晰的划分。法国从中央到地方各级教育行政部门都成立了专门的继续教育管理机构，这些机构和参与继续职业教育的各级各类学校、企业组织、基金会等非官方组织一起，在全社会形成了一个继续教育网络，有力地支撑了法国继续教育的发展。

3. 投资多元化

经费是开展继续教育活动的必要条件，继续教育的场所、师资、学习材料等，都需要有足够的资金支撑。各国都十分重视继续教育资金投入。美国政府除不断增加国家财政拨款外，还以法律、法规的形式明确规定中央和地方政府对继续和成人教育经费承担的比例，规定了企业、产业部门及雇主对职工教育经费所应承担的义务，并积极倡导、鼓励民间团体、个人投资教育，从而有力地保障了成人教育的发展。英国建立了多元投资体制，保证继续教育的资金。法国继续教育的资金首先是国家所提供的资助，这些资助一部分用于部际委员会所制定的继续教育的优先发展方向，以增强政府的调控与干预能力。其次是雇主向继续教育所提供的资助。德国继续教育资金来源有两个渠道：一是国家及各企业，二是接受继续教育者个人所交的学费和自愿捐款。

4. 企业是继续教育的主力军

美国长期以来形成了依靠企业和社会组织增加社会参与的惯例。英国政府在充分发挥政府职能的同时，非常注意吸收企业和社会团体参与继续教育。法国企业是法国继续教育的重要办学主体。德国企业是德国继续教育特别是职业继续教育的主力军，它是最大的继续教育供给者，有近60%的企业为职工提供培训课程，企业也向社会提供培训活动。日本继续教育被纳入企业管理之中。

5. 注重质量保障

立法、管理机构和经费是继续教育得以顺利开展的必要条件，但事实上，这些条件并不能完全保证继续教育的质量。因此，为了保证继续教育质量，各国十分注重通过评估等措施保证继续教育的质量。

［第一章］
中国继续教育改革发展概述

2010 年，中共中央、国务院印发《国家中长期教育改革和发展规划纲要（2010—2020 年）》，首次明确定义继续教育的基本内涵——"继续教育是面向学校教育之后所有社会成员的教育活动，特别是成人教育活动，是终身学习体系的重要组成部分"，强调要"加快发展继续教育"，规定各类继续教育的发展任务，即"以加强人力资源能力建设为核心，大力发展非学历继续教育，稳定发展学历继续教育"，建立健全继续教育体制机制，构建灵活开放的终身教育体系，促进全体人民学有所教、学有所成、学有所用。

一、继续教育简述

（一）继续教育内涵的变化

继续教育是现代工业社会的产物，兴起于英美等国，以后逐渐在全球范围展开，并成为当今世界一种重要的教育理念和教育实践活动。

各个国家由于社会发展水平和文化传统的差异，对继续教育的概念、内涵有不同的理解和阐释，在表述上也众说纷纭，尚未形成统一的认识。

认识的差异集中表现在对教育对象、教育内容和形式的界定等方面。尽管各国对继续教育的内涵理解有所不同，但都强调继续教育应该在社会成员接受或完成一定阶段的学校教育后，在其一生的进程中不断进行，以适应社会和人自身不断发展和进步的要求。从我国的国情出发，继续教育可以理解为面向已脱离了学校（包括小学、初中、高中、大学）教育、进入社会的成员特别是成人的各种教育活动。

根据我国的实际，继续教育具有以下特点：

1. 继续教育的对象是面向已接受了不同层次学校教育并走上社会的所有成员特别是成人的各种教育活动。

2. 继续教育的内容包括学历教育和非学历教育、正规教育和非正规教育、职业导向的教育和非职业导向的教育。

3. 继续教育的类型、模式、方法等与传统的学校教育有很大的不同，为满足社会成员多样化的学习需求，继续教育途径方式灵活、开放、多元。

4. 继续教育办学主体呈现出政府和全社会广泛参与的格局。

（二）继续教育的基本任务

1. 对从业人员，以及具有创业、择业、转岗需求和待业、失业的人员开展相应的职业技能和岗位培训，使他们在政治思想、职业道德、文化知识、专业技术和实际能力等方面达到岗位规范和职业能力的要求。

2. 对未达到中等或高等文化程度和专业水平的从业人员开展相应的专业和学历教育。

3. 对社会成员开展丰富多彩、形式多样的科技文化、文明生活和休闲文化的教育，建设文明健康科学的生活方式和提高生活品质，满足人们日益增长的精神文化生活需求等基本任务。

（三）继续教育管理体制

我国继续教育由教育部统一管理。由职业教育与成人教育司负责各类继续教育的相关事务，其职责是会同有关部门制定继续教育工作的方针政策，协调各部委和各地方的继续教育工作。各省、自治区、直辖市以及地（市）、县都在教育行政部门中设有继续教育相关管理机构，负责本地区继续教育的有关工作。行业主管部门负责本行业继续教育的有关工作。非政府部门的合作机构有全国总工会、全国妇女联合会、共青团中央等，它们分别负有保障并促进职工、妇女和青年参加继续教育学习的责任。中国科协担负着在成人中进行科技知识和应用技术推广方面的教育与培训任务。

（四）办学主体、办学规格和办学类型

我国继续教育是涉及全社会的事业，人数多、范围广、内容丰富、形式多样，必须充分发挥各级政府、各行业部门和社会各方面力量的积极性，共同办学。因此，继续教育办学主体呈现政府和全社会广泛参与的格局，其类型、模式、方法等与传统的学校教育有很大不同，呈现多样化态势。

我国继续教育分为学历教育和非学历教育。学历教育包括小学、中学、中专、专科和本科等不同层次规格。在部分普通高校和成人高校开设研究生课程，培养在职硕士研究生和博士研究生。非学历教育包括农村实用技术培训、在职人员岗位培训、职业资格证书教育、"专业证书"教育、"课程证书"教育等职业导向的非学历继续教育，以及面向基层、面向社区，丰富多彩、形式多样的社会文化生活教育等。

我国继续教育办学类型和形式多样，建立了多序列的教育培训系统，形成了以各级各类学校为主体的继续教育办学与服务体系；构建了岗位培训为重点，由业务部门、行业主导的继续教育办学与服务体系；探索了城乡社区教育和学习型社会学习服务体系建设；发展了多元化社会培训机构网络，至 2010 年，全国有超过 15 万个社会培训机构和开展继续教育的科研机构，涌现了新东方、北大青鸟等一批品牌培训机构，逐步成为我国继续教育办学和服务体系的有益补充。

二、继续教育发展历程

改革开放 30 多年来，随着我国经济的发展和社会的进步，继续教育得到长足的发展，取得了巨大的成就。

（一）继续教育蓬勃兴起

我国继续教育起步较晚，20 世纪 70 年代末，继续教育的概念被引入国内，逐步被借鉴和吸收。最初，继续教育是包含在成人高等教育中，特指大学及大学后的继续教育，是成人教育的高层次部分。

1. 继续教育的产生和发展

1979 年，我国派代表出席在墨西哥举办的世界继续工程教育大会，继续教育的概念被引进，并逐步传播。1980 年 8 月，中国科协第二届常务委员会第二次会议通过了《关于积极开展在职科技人员专业培训工作的意见》，对我国科技人员在教育的方针、对象、内容、经费来源、组织、领导等各个方面做了原则性规定。1983 年，我国著名的科学家华罗庚、王大珩等人在第六届全国人民代表大会上共同提出开展继续教育并建立机构的倡议，受到我国政府的重视。1984 年 11 月，"中国继续教育工程协会"在北京成立。同年，国家教育委员会批准成立全国首家继续教育办学机构——清华大学继续教育学院。1986 年，全国人大六届四次会议关于"七五"规划的报告明确提出"要逐步建立和完善对科技人员继续教育的制度"，第一次把继续教育列入政府工作的范围。此后，继续教育在我国蓬勃兴起，为我国的经济建设做出了重大的贡献。

随着改革开放的不断深入，改革的浪潮波及各个领域，为了适应发展的需要，1987 年 12 月，国家教委、科委、经委、劳动人事部、财政部、中国科协共同颁发《关于大学后继续教育的暂行规定》，提出："大学后继续教育的对象是已具有大学专科以上学历或中级以上专业职务的在职专业技术人员和管理人员，重点是中青年骨干。""任务是使受教育者的知识结构和能力得到扩展、加深和提高，使其结构趋向合理，水平保持先进，以便更好地满足岗位、职务的需要，促进我国科技进步、经济繁荣和社会发展。"这样，继续教育的对象从工程技术人员扩大到专业技术人员，继续教育的范围已扩大到所有的科技人员和管理人员，促进并形成了我国各个领域继续教育齐头并进的良好态势。

2. 函授教育、夜大学（业余）教育迅速恢复

新中国成立初期，一大批工农干部进入新中国社会主义建设领导岗位，为了使他们能够适应新的工作需要，1950 年中国人民大学最早开办了马列主义夜大学和夜校，成为我国成人高等教育的主要形式。中国人民大学和东北师范大学分别于 1952 年和 1953 年开始举办函授教育，以后逐步扩大到理、工、农、医、财经、政法等各类高等学校，尤以师范函授教育发展的规模最大、速度最快。至 1965 年，全国有 83 所高校举办夜大学，在籍学生 1.8 万人，有函授院校 171 所，函授生近 19 万人。随着国家实施改革开放，普通高等学校函授、夜大学教育以及独立设置成人高校相继恢复和发展，适应社会对人才的需求，学历补偿教育逐渐成为成人高等教育的主要任务之一。1978 年，普通高校逐步恢复办学和招生，相继建立了成人教育机构，通过夜大学和函授等多种形式，开展学历补偿性质的成人高等教育。1985 年，举办成人学历教育的全国普通高等学校达 591 所，其中举办函授教育的 331 所，举办夜大学的有 410 所。1986 年开始实行全国成人高等教育统一入学考试，1993 年开始实行成人学历教育全国统一制证验印。1997 年全国有 1207 所普通高校举办函授和夜大学，招生规模达 100.43 万人。

3. 独立设置成人高校开展学历补偿教育

独立设置成人高等学校是由不同办学主体单位举办的、以实施成人高等教育为主的、具有独立法人资质的办学机构，主要包括职工高等学校、农民高等学校、管理干部学院、教育学院、广播电视大学和独立设置的函授学院。1977 年各地恢复或建立了教育学院，随后，管理干部学院、职工大学、农民大学等相继恢复和建立。发展至 20 世纪 90 年代中期，我国独立设置成人高校达到 1100 多所，本专科学历教育年均招生近 30 万人。

1999 年后，独立设置的成人高校改组改制，一部分改组为普通院校，一部分与其他普通高校合并，数量骤减，独立设置成人高校成人高等学历教育规模（不包括电大）占成人高等学历教育总规模的 5.4%。

4. 高等教育自学考试应运而生

高等教育自学考试制度是对广大自学者进行以学历认定为主的高等教育和中等专业国家考试，是个人自学、社会助学、国家考试相结合的新型教育形式。为促进青年自学成才，教育部着手研究建立高等教育自学考试制度，并出台了《高等教育自学考试试行办法》。1981 年由北京、天津、上海、辽宁开始试点，1983 年面向全国推广。高等教育自学考试制度的建立，为更多的社会人员提供了业余自主学习、参加国家考试的机会。高等教育自学考试制度从建立至 2000 年经历了两个发展阶段。从 1981 年至 1988 年是学历教育的补偿阶段。自学考试为大批被"文革"耽搁的一代人提供了学习机会，缓解了"青年要上学，干部要学历，国家要人才"的社会矛盾。从 1989 年到 2000 年是高等教育补充阶段。自学考试很大程度上为大批高考落榜生提供了接受高等教育的机会，缓解了"千军万马过独木桥"的社会矛盾。截至 1999 年上半年，高等教育自学考试累计报考 9048 万人次，其中报考本科为 888 万人次，专科为 7731 万人次。至 2000 年上半年累计毕业达 331 万人。

5. 职工教育积极开展"双补"和岗位培训

为适应经济社会发展的需要，迅速提高广大职工的整体素质。1981 年，中共中央、国务院颁布了《关于加强职工教育工作的决定》，提出要在五年内，力争使青壮年工人的实际操作技术水平普遍提高 1—2 级，使中高级技术工人比重有较大增加的发展目标。全国各地普遍开展青年职工"双补"（补文化、补技术）教育，通过多种形式，包括在生产中边干边学、岗位练兵、脱产、半脱产、业余学习等方法，有计划地实行脱产轮训，提高职工队伍的素质和水平。据统计，1981 年到 1984 年间，全国累计有 1584 万人初中文化补习合格，有 1189 万人初级技术补课达标。随着岗位培训制度的建立、各行业岗位规范的制定以及岗位培训和持证上岗制度的实行，全国职工参加各种培训累计达 6600 多万人次。有 1151.6 万职工接受了 100 学时以上的专业技术培训，有 1608.7 万名干部接受了 100 学时以上的各类培训，接受短期专业技术培训的干部也有 160 多万人。

（二）继续教育调整改革

进入 21 世纪，我国经济转型和社会深刻变革步入重要战略期和政策调整期，建设人力资源强国赋予继续教育新的内涵和要求，人民群众接受多样化、高质量高等教育的需求与日俱增，高等教育从精英化走向大众化，继续教育国际竞争日益激烈，继续教育发展的机遇和挑战并存。伴随高等教育大众化战略的推进，全国高校进行了新一轮布局调整，普通高校招生规模不断扩张，入学门槛不断降低，适龄人群接受高等教育的机会逐渐增加，高等教育实现了新的跨越，同时也对继续教育形成了冲击和挑战。相对于普通高等教育的扩张发展，继续教育陷入了"发展瓶颈"，迫切需要转变观念、科学定位，从以学历教育为主向非学历教育转型，从大规模外延扩展向提高质量内涵发展转变。面对新的形势和任务，继续教育的内涵、目标、模式和运行机制发生深刻变化，国家对成人教育和继续教育政策及时进行了调整。

1. 普通高校逐渐成为开展学历继续教育主力军

改革开放以来，我国成人高等教育办学形式从"七分天下"逐步变为两大阵营，包括普通高校成人高等教育和独立设置的成人高等学校。两类办学各占半壁江山，保持相对平衡的格局。进入 21 世纪，由于高等教育体制改革和转制等原因，我国独立设置的成人高等学校（主要包括职工高校、农民高校、管理干部学院、教育学院、函授学院、电大及其他机构等）逐年减缩。对独立设置的成人高校进行调整撤并，旨在通过深化改革，促进其转型和创新发展。近 10 年，普通高校数量持续增加，成人高校数量不断减少。目前，我国成人高等学历教育在校生规模仅为普通高校学历教育在校生规模的 1/4。

成人高等学历教育中，2010 年普通高校成人本专科生招生规模达 190.07 万人，占成人本专科招生总数的 91.19%，比 2001 年的 143.55 万人增长 32.41%。

——函授教育和夜大学（业余）教育持续稳定发展。2010 年普通高校函授教育本专科招生 107.21 万人，占普通高校成人本专科招生总数的 56.41%。2010 年，夜大学（业余）教育招生 82.54 万人，占普通高校成人本专科招生总数的 43.43%。

——成人脱产班陆续停办。普通高校成人脱产班主要是面向高考落榜生招收本、专科生，考生参加全国成人高等教育统一招生考试，录取后全日制学习，毕业颁发成人学历文凭。2007 年，教育部直属高校停招成人脱产班和自考助学脱产班。2008 年，所有普通高校均停招成人脱产班。2010 年，成人脱产班在校生规模为 9.42 万人。

——独立设置成人高校数量减少，招生规模下降。2001—2010 年 10 年间，全国独立设置的成人高校由 686 所调整为 365 所，减少近一半（见表 1.1）。2010 年，成人高校本专科招生 18.36 万人，仅占成人本专科招生总规模的 8.81%，比 2001 年的 52.38 万人减少 64.95%。

表 1.1　2001—2010 年成人高校数量变化

	2001年	2002年	2003年	2004年	2005年	2006年	2007年	2008年	2009年	2010年
全国高校总计（所）	1911	2003	2110	2236	2273	2311	2321	2663	2689	2723
成人高校（所）	686	607	558	505	481	444	413	400	384	365
成人高校所占百分比（%）	35.90	30.31	26.45	22.59	21.16	19.21	17.79	15.02	14.28	13.40

——网络教育兴起。1999 年后，教育部先后批准 68 所普通高校和中央电大开展现代远程教育试点工作，主要任务是：开展学历教育和非学历教育，探索网络教学模式和教学工作的管理机制，建设网上资源等。68 所试点普通高校分布在高等教育资源相对丰富、经济相对发达的 19 个省区市，共开设 396 个专业（其中中央电大开设 92 个），专业点 2292 个，覆盖

11 个学科门类；建设校外学习中心和教学点 9000 多个，累计注册学生 1000 多万人，其中普通高校注册学生 558 万人；已毕业 600 万人，其中普通高校毕业 283 万人；在校生 485 万人，其中普通高校在校生 205 万人。

2. 广播电视大学成为开展继续教育的重要力量

1960 年北京电视大学创立，成为我国第一所广播电视大学。中央广播电视大学成立于 1979 年，1999 年开始开放教育试点，现已成为全世界规模最大的开放大学。2010 年，全国广播电视大学共有中央广播电视大学 1 所，省级广播电视大学（指省、自治区、直辖市、计划单列市及独立设置的广播电视大学）44 所，地市级广播电视大学分校（指电大分校和由省级电大直接管理的工作站）1103 所，县级广播电视大学工作站（指电大分校管理的工作站）1853 所，开办教学班（点）74610 个，办学网络覆盖全国城乡。电大教育充分应用现代化远程教学手段，多层次、多规格、多功能办学，开展以高等教育为基础的学历教育和各种非学历教育培训，为提高从业人员和国民素质提供各种教育服务。

2010 年，电大举办高等本科（专科起点）、专科（含高职）和中等专业学历教育。开放教育共开设 93 个专业，其中本科（专科起点）专业 27 个，专科专业 66 个（含课程开放专业 41 个，"一村一名大学生计划"专业 18 个）。2010 年共招生 93.06 万人，其中本科 25.14 万人，专科 67.91 万人。"一村一名大学生计划" 2010 年春季招生 2.37 万人，秋季招生 3.88 万人。2001—2010 年，广播电视大学系统在校生从 151.10 万人增加至 293.32 万人，增长 94.12%；10 年间，毕业生累计达 542.42 万人。

电大坚持面向农村、面向基层、面向行业、面向边区和少数民族地区办学，特别是关注特定的人群，包括弱势群体。电大开放教育，70% 以上的教学点和学生都在地市级以下的基层电大，25.8% 在西部地区。实施教育部"一村一名大学生计划"，已有 17 万农民参加学习。与部队合作成立中央电大八一学院、总参学院、空军学院，有士官学员 8 万多人，毕业 7 万多人。

2010 年，电大非学历继续教育人数达到 252.72 万人，增长率为 56.3%。电大系统非学历继续教育规模占全国高等教育非学历继续教育总体规模的比例也稳步增长，2010 年达到 36.72%。

3. 高等教育自学考试改革中探索新路

从 2001 年到 2010 年，特别是以全国高等教育自学考试指导委员会五届二次会议的召开为标志，自学考试进入终身教育和学习型社会建设阶段，以发展学历教育为基础，大力发展非学历证书教育，为行业部门培养了大批职业型和应用型人才。

截至 2010 年底，全国累计 2.17 多亿人次参加过自学考试，在籍考生5500 多万人，培养本专科毕业生近 982 万余人，中专毕业生 40 多万人。

近年来，自学考试的一大变化就是非学历教育发展迅猛。截至 2010 年报考规模累计达到 5739 万人，约 2000 多万人获得了各类证书。自学考试开考专业体系已涵盖 12 个一级学科 796 个专业。高等教育自学考试制度为我国公民提供了平等接受高等教育的机会，鼓励公民自学成才，在构建具有中国特色的终身教育体系中发挥着重要的作用。

4. 行业企业积极参与合作开展继续教育

我国行业（企业）培训机构主要有三类：行业企业内部培训机构、各类社会培训机构、为企业提供培训服务的各类院校。行业企业继续教育以职工的岗位培训为主，主要由岗位技能培训、适应性培训、资格培训、技术等级培训、安全技术培训和为获取学历而进行的继续教育等多种类型构成。近年来，全国企业职工年培训规模都在 9000 万人次左右。在电力、机械、水利、建设、钢铁、石油、煤炭、铁路等重点行业中，全员培训率普遍大于全国平均数。

5. 社区教育从实验、示范走向全面推进

2000 年以来，在政府的推动下，社区教育在全国各地迅速发展。目前，共确定全国社区教育实验区 68 个，全国社区教育示范区 68 个。根据对 105 个国家级实验区的调查，2010 年，全国社区教育实验区 4508 万人，全员培训率为 50.6%。其中，外来务工人员培训率为 41.0%，下岗失业人员培训率为 68.9%，老年培训率为 51.5%。共创建各类学习型组织 104 万余个，其中学习型家庭 80 余万个。社区教育为社区居民的学习提供了服务，为营造一个和谐的社会环境做出了贡献。

（三）继续教育转型创新

2010 年《国家中长期教育改革和发展规划纲要（2010—2020 年)》提出的"到2020 年，基本实现教育现代化，基本形成学习型社会，进入人力资源强国行列"的奋斗目标，可以归结为，到 2020 年基本形成人人皆学、处处可学、时时能学的学习型社会。就此而言，继续教育肩负着重要的历史使命，面临着转型发展的更高要求，其主要发展目标有以下几个。

1. 建立和完善终身教育体系

终身教育体系主要包括学校教育和继续教育两大组成部分，要大力发展非学历继续教育，稳步发展学历继续教育，搭建终身学习"立交桥"，促进各级各类教育纵向衔接、横向沟通，为社会成员提供多次学习机会、多样学习途径和多种成才路径。

2. 大幅提升继续教育参与率

将继续教育纳入各行业、各地区总体发展规划，通过广泛动员、加强激励等手段，扩大继续教育规模，全面提升从业人员继续教育年参与率，争取从现在的不到25%，到 2020 年提高到50%以上，参与继续教育的规模从 1.66 亿人次增加到3.5 亿人次，努力缩小不同行业、不同地区群体在参与继续教育机会方面的差距。

3. 健全继续教育保障机制

推动继续教育相关法律政策进一步整合完善，加强跨部门继续教育的协调，建立更加有效的继续教育激励机制和质量评价机制，健全成本分担、多渠道筹措经费的继续教育投入方式，为继续教育发展提供有效的体制机制保障，促进继续教育持续健康发展。

4. 着力提高继续教育质量

全面提高学历继续教育的质量，健全宽进严出的学习制度，办好开放大学，改革和完善高等教育自学考试制度，建立继续教育学分积累和转换制度，改进继续教育培养模式，实现不同类型学习成果的认证、积累、衔接和转换，建立较为完善的质量监测评价体系，搭建远程开放继续教育及公共服务平台，促使继续教育质量得到明显提升，继续教育的针对性、实效性、服务发展的能力不断增强。

三、继续教育的成就与贡献

改革开放以来，在各级政府和全社会的积极推动下，我国继续教育蓬勃发展，为提高国民素质、人才培养、提高从业人员的知识技能水平，促进我国经济的持续快速发展和社会的进步做出了巨大贡献。

（一）为广大人民群众提供了相适应的各种学习和发展机会

1. 为因各种原因错过接受基础教育的社会成员提供了补偿性教育。30 多年来，成人小学毕业生累计超过 1 亿人，成人中学毕业生累计达到 2591 万人，提高了他们的知识文化水平。

2. 为数千万已经走上工作岗位的从业人员和其他社会成员提供了接受高等教育和中等职业教育的机会。30 多年来，成人中专毕业生累计达到 1877 万人，成人高等教育毕业生累计超过 2342 万人。一定程度上满足了广大学习者对接受高中阶段和高等教育的需求。

3. 为广大从业人员提供了各种形式的职业培训，提升了从业人员的素质和职业技能。全国企业职工培训规模每年在 9000 万人次左右，全员培训率逐年增长。

4. 以丰富人民的精神文化生活为主要内容，满足社会成员包括老年人学习需求的各种教育活动，也在全国各地蓬勃发展。

（二）继续教育提供方式更加多样灵活，更好地满足了受教育者的需求

继续教育的提供方式，特别是以信息技术为基础的现代远程教育的长足发展，为广大社会成员的继续教育提供了更多的选择和更为便捷的学习方式。最近几十年来，广播、电视和网络课程等多种手段在继续教育中得到运用，随之而来的，是适合中国国情的互联网、数字卫星网、广播电视网等远程教学和管理平台的建立，从而为广大社会成员接受教育提供了更

多的选择机会和更快捷的学习方式。

（三）继续教育推动了学习型社会的建设

学习型社会，是一个终身学习的社会，学习贯穿一生。有研究认为，一个人在大学所学知识和技能只占一生所需的10%，其余90%要通过继续教育来获得。继续教育要为每个人获得这90%的知识和技能提供服务。同时，学习型社会又是一个全民学习的社会，每个人都要学习，继续教育要为每个人的学习提供服务，使其都能掌握所需要的知识和技能，都能提高全面素质和创造力。继续教育的充分发展使每个年龄段的每个人可以通过适当的方式获得必要的知识和技能。

总之，继续教育作为我国公民的一项基本权利，面向全体公民，为他们提供了更多的学习机会。继续教育的发展有力地促进了广大社会成员科学文化素养、知识与技能水平的提高，丰富了社会成员的精神生活，缓解了社会对学习需求的增长与教育资源相对不足的矛盾，对促进我国经济体制转型和产业结构、技术结构的调整与升级，提高我国劳动生产力，保障经济持续快速增长，推动社会进步，建设"更高水平的小康社会"和"学习型社会"做出了重要贡献。

［第二章］
中国学历继续教育发展现状

　　改革开放 30 多年来，继续教育为广大社会成员提供了多渠道接受中、高等学历教育和各类培训的机会，为国家现代化建设培养了大批急需的专门人才，在国家经济建设、科技进步和社会发展中发挥了重要作用。

　　从层次上看，学历继续教育包括成人高等学历教育、成人中等学历教育和成人初等学历教育。从类型上分，成人高等学历教育包括高校学历继续教育、远程继续教育、高等自学考试等多种形式。成人中等学历教育包括成人高中、成人中专和成人初中。成人初等学历教育主要是成人小学。成人初中和成人小学属于一种补偿教育，是对错失正规学校教育机会的学习者的一种补偿性教育形式。

　　成人高等教育（或称大学继续教育）是我国教育事业的重要组成部分，是继续教育的重要支柱。经过数十年的发展，我国成人高等教育已形成覆盖面广、规模庞大、门类齐全的由普通高校成人（继续）教育学院、各类独立设置的成人高校、高等教育自学考试、现代远程教育组成的办学体系，在一定程度上缓解了社会发展与专业人才紧张的矛盾，满足了社会成员多样化的高等教育需求，推进了高等教育大众化。

　　2010 年，全国成人高等学历教育在学（读）总规模为 1031.21 万人，包括高校成人本专科在校生 536.04 万人，网络本专科在读生 453.14 万人，在职研究生 42.03 万人。其中，普通高校成人本专科在校生 489.40 万人，占高校成人本专科在校生总数的 91.30%；成人高校本专科在校生 46.64 万人，占总数的 8.70%。从层次上分析，成人本科在校生规模 225.05 万人，占成人本专科在校生总数的 42.00%；成人专科在校生规模 310.99 万人，占总数的 58.00%。

一、普通高校学历继续教育持续保持稳定发展

普通高校是促进我国继续教育事业发展的主要力量，承担着探索继续教育发展理念、创新继续教育办学模式、拓展继续教育服务能力的重要任务，普通高校继续教育以比较经济和灵活的方式培养高等教育人才，适合我国国情，在建设人力资源强国和学习型社会中具有不可替代的功能。

（一）普通高校成人学历教育招生规模不断扩大

1. 成人本专科招生总体持续增长，专科招生比例和增幅大于本科

2010 年，普通高校成人本专科共招生 190.07 万人，其中，本科招生 83.27 万人，占招生总数的 43.81%；专科招生 106.80 万人，占招生总数的 56.20%，比本科招生高出约 13 个百分点。从招生规模上看，成人本科招生从 2006 年的 72.84 万人增加到 2010 年的 83.27 万人，增长了 14.32%；成人专科招生从 2006 年的 86.96 万人增加到 2010 年的 106.80 万人，增长了 22.82%，增长快于本科（见图 2.1）。

2. 在职研究生招生以硕士为主，主要集中于攻读专业学位

2010 年，全国共计招收 12.49 万名在职人员攻读博士、硕士学位，其中，攻读博士学位 980 人，占招生总数的 0.78%；攻读硕士学位 12.39 万人，占招生总数的 99.22%。从学位类型来看，在职人员攻读学位主要集中于攻读专业学位，高达 11.61 万人，占招生总数的 93.00%。攻读学术型学位的在职研究生中，招生涵盖了哲学、经济学、法学、教育学、文学、历史学、理学、工学、农学、医学、军事学和管理学等 12 个学科门类。

2006—2010 年，在职攻读研究生学位的人数基本保持增长。从 2006

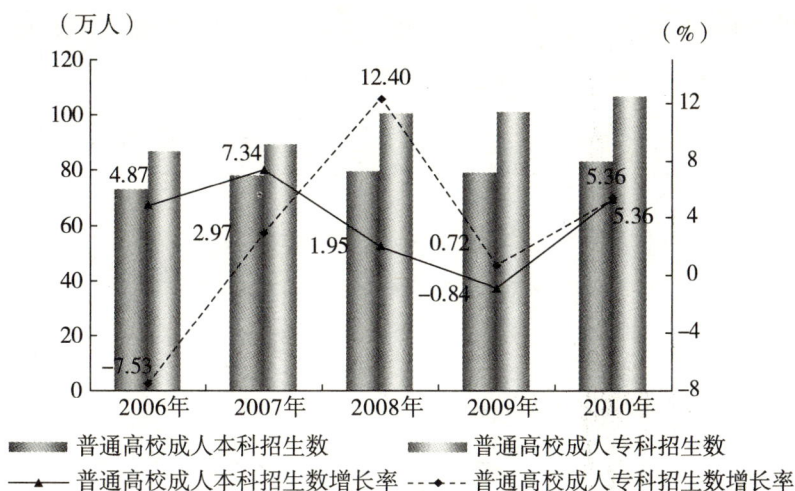

图 2.1 2006—2010 年普通高校成人本专科招生数及其增长率

【数据来源】中国教育统计年鉴 2006—2010［M］. 北京：人民教育出版社，2007—2011.

年 10.92 万人增加到 2007 年的 12.69 万人，再到 2008 年的 13.34 万人；2009 年略有下降，为 11.60 万人；2010 年再次回升，达到 12.49 万人，但仍低于 2008 年高峰期的 13.34 万人（见图 2.2）。

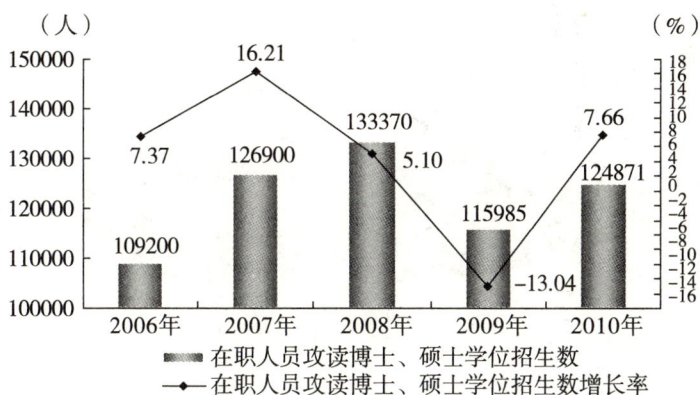

图 2.2 2006—2010 年普通高校成人在职研究生招生数及其增长率

【数据来源】中国教育统计年鉴 2006—2010［M］. 北京：人民教育出版社，2007—2011.

3. 成人本专科招生学科基本全覆盖，但招生规模不一

2010 年，从学科门类来看，全国普通高校成人本专科招生涵盖了除军事学之外的11个学科门类。其中，管理学、工学和医学分别排在招生人数的前三名，农学、历史学和哲学招生规模最小。

表2.1　2010年普通高校成人本专科招生分学科规模分布

学科名称	招生人数（人）	百分比（%）	排位
管理学	199522	23.96	1
工　学	191388	22.98	2
医　学	149950	18.01	3
文　学	128618	15.45	4
法　学	48799	5.86	5
教育学	41890	5.03	6
经济学	30373	3.65	7
理　学	27032	3.25	8
农　学	12850	1.54	9
历史学	2220	0.27	10
哲　学	97	0.01	11

2010年，全国普通高校成人本科招生83.27万人，分布于法学、工学、管理学、教育学、经济学、理学、历史学、农学、文学（含外语和艺术专业）、医学、哲学等11个学科门类（见图2.3）。

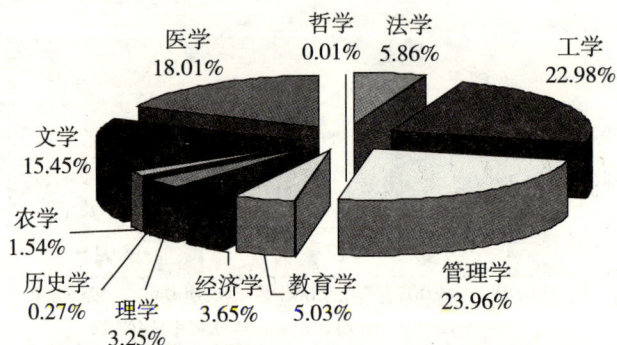

图2.3　2010年普通高校成人本科分学科门类招生比例

【数据来源】中国教育统计年鉴2010［M］．北京：人民教育出版社，2011.

2005—2010年间，普通高校成人本科招生学科结构有所变化，11个学科门类中，总体保持持续上升的有工学、管理学、经济学和医学。其中，

2010 年医学招生人数是 2005 年招生人数的近一倍，增加了 7 万多人；增长较快的还有工学和管理学，2010 年较 2005 年招生人数均增加了 6 万多人；而经济学招生人数增长较少。总体下降的有法学、理学、历史学和文学，招生人数下降较多的学科有文学和理学，文学招生人数 2010 年比 2005 年减少约 3 万人，理学招生人数减少约 2.5 万人，法学招生人数减少约 1.4 万人（见表 2.2、图 2.4）。

表 2.2　2005—2010 年普通高校成人本科分学科门类招生数（人）

	法学	工学	管理学	教育学	经济学	理学	历史学	农学	文学	医学
2005 年	62824	124432	134845	42356	27459	52267	3725	10700	158657	77226
2006 年	62957	139963	146038	44094	28117	43225	3498	11812	158688	89979
2007 年	59465	160534	165219	44650	26685	39212	3025	13538	160824	108691
2008 年	53093	169992	174846	44931	29243	34270	2755	13888	159699	114330
2009 年	46113	173121	186742	41000	29586	28890	2367	10357	136754	135317
2010 年	48799	191388	199522	41890	30373	27032	2220	12850	128618	149950

【数据来源】中华人民共和国教育部. 中国教育统计年鉴 2005—2010［M］. 北京：人民教育出版社，2006—2011.

（人）

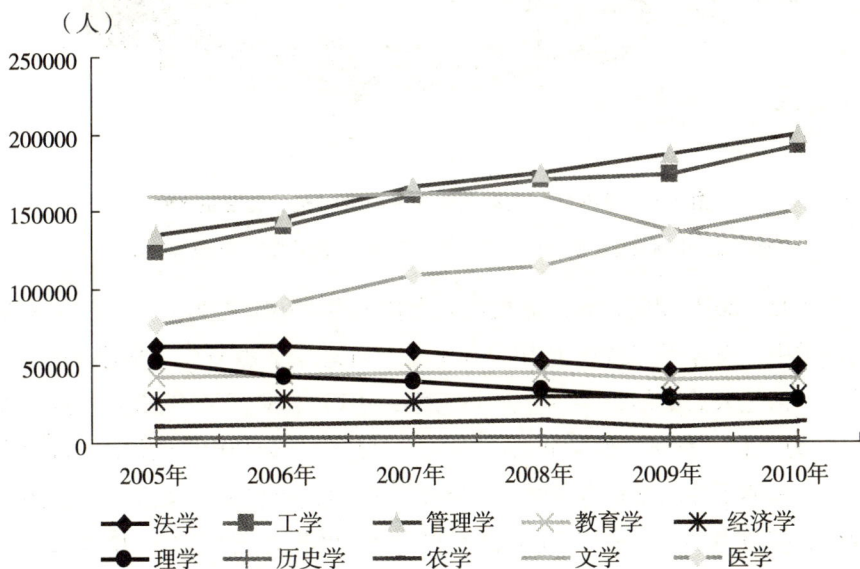

图 2.4　2005—2010 年普通高校成人本科分学科门类招生数

【数据来源】中国教育统计年鉴 2005—2010［M］. 北京：人民教育出版社，2006—2011.

2010 年，全国普通高校成人专科招生 106.80 万人，分布于法学、工学、管理学、教育学、经济学、理学、历史学、农学、文学、医学、哲学等 11 个学科门类。从不同学科门类的招生数及占比来看，工学招生数最多，达 34.08 万人，占招生总数的 31.91%；其次是管理学，招生 33.19 万人，占招生总数的 31.07%；第三位是医学，招生 15.76 万人，占招生总数的 14.75%；招生最少的是历史学，招生 185 人，占招生总数的 0.02%（见表 2.3、图 2.5）。

表 2.3　2010 年普通高校成人专科分学科门类招生数（人）

法学	工学	管理学	教育学	经济学	理学	历史学	农学	文学	医学	哲学
15196	340760	331872	74406	48729	10332	185	16743	71486	157552	727

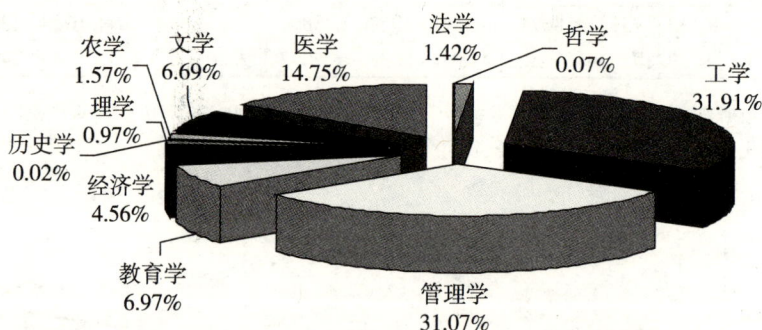

图 2.5　2010 年普通高校成人专科分学科门类招生比例

【数据来源】中国教育统计年鉴 2010 ［M］．北京：人民教育出版社，2011.

2005—2010 年间，普通高校成人专科招生学科结构变化不一，11 个学科门类中，总体保持持续上升的有工学、管理学、教育学、医学和哲学，其中，招生人数增加最多的学科是工学，2010 年较 2005 年招生人数增加约 13 万人；教育学、医学和哲学三个学科招生人数 2010 年比上年有较大增长。总体下降的学科有法学、经济学、理学、历史学和文学；农学招生规模保持在 1.5 万—1.7 万人，不同年份上下有所波动（见表 2.4、图 2.6）。

表 2.4　2005—2010 年普通高校成人专科分学科门类招生数（人）

	法学	工学	管理学	教育学	经济学	理学	历史学	农学	文学	医学	哲学
2005 年	33006	212524	290005	56223	61402	13002	586	16590	114460	142566	33
2006 年	25463	206211	285720	52088	59848	12352	358	13708	91703	122005	150
2007 年	22404	245462	303531	52316	54924	9596	346	13648	80871	112014	297
2008 年	20297	322374	321316	54581	56958	10516	420	15702	81454	122677	106
2009 年	15268	332790	338302	59999	53830	10559	165	14598	75698	112144	256
2010 年	15196	340760	331872	74406	48729	10332	185	16743	71486	157552	727

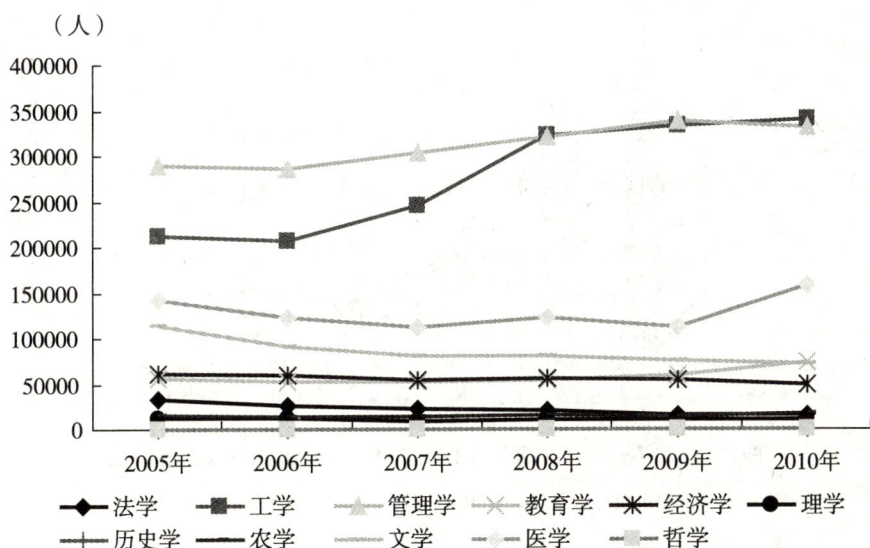

图 2.6　2005—2010 年普通高校成人专科分学科门类招生数

【数据来源】中国教育统计年鉴 2005—2010［M］. 北京：人民教育出版社，2006—2011.

（二）普通高校成人学历教育在校生规模创历史新高

1. 普通高校成人本专科在校生已占成人本专科在校生总数九成以上

2010 年，普通高校成人本专科在校生规模为 489.40 万人，占成人本专科在校生总数的九成以上。其中，本科在校生为 219.86 万人，占在校生总数的 44.92%；专科在校生为 269.54 万人，占在校生总数的 55.08%。2006—2010 年，普通高校成人本专科在校生规模连年增长，2010 年比 2006 年增长 7.64 个百分点（见图 2.7）。

2010 年，普通高校成人本科在校生为 219.86 万人，比 2009 年增加 2.22 万人，增长 1.02%。2006—2010 年，普通高校成人本科在校生数总体增长，从 2006 年的 197.71 万人增加到 2010 年的 219.86 万人，增长 11.20%；其中，2008 年在校生规模最大，为 224.71 万人。2010 年，普通高校成人专科在校生为 269.54 万人，比 2006 年增加 12.58 万人，增长 4.90%，低于本科在校生增长率（见图 2.7）。

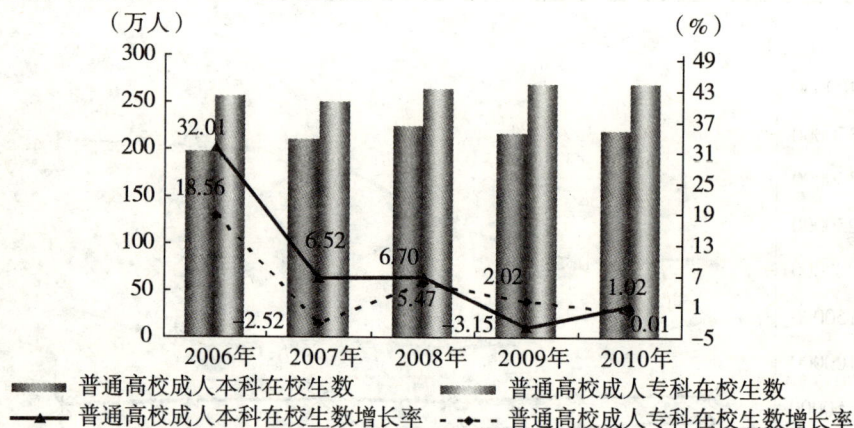

图 2.7　2006—2010 年普通高校成人本专科在校生数及其增长率

【数据来源】中国教育统计年鉴 2006—2010 ［M］. 北京：人民教育出版社，2007—2011.

2. 在职研究生在校生持续增长，但增速放缓

2010 年，在职攻读研究生学位的在校生人数创历史新高，为 42.03 万人，比 2009 年增加 2.60 万人，增长 6.59%。2006—2010 年，在职攻读博士、硕士学位的在校生数持续增长。2006—2008 年三年间增长幅度较大，分别为 17.43%、15.71% 和 13.78%。2009 年增长的速度放缓，比上一年仅增加了 0.05 万人，增长率为 0.13%，而 2010 年增长率上升至 6.59%（见图 2.8）。

（三）普通高校成人学历教育毕业生基本稳定增长

2010 年，普通高校成人本专科毕业生为 177.30 万人，其中，本科毕业生为 77.34 万人，占毕业生总数的 43.62%，专科毕业生为 99.96 万人，

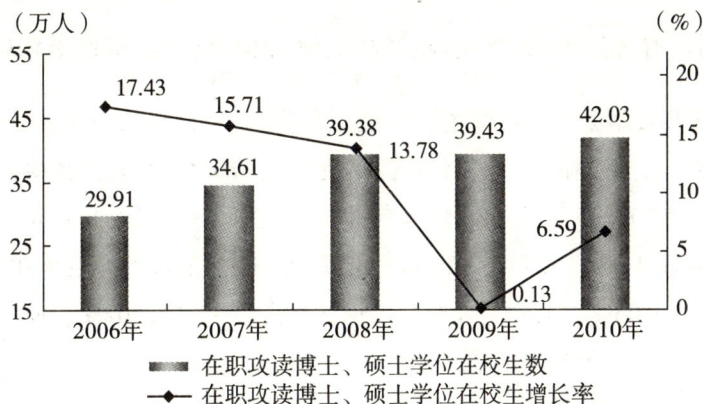

图2.8 2006—2010年普通高校在职攻读博士、硕士学位在校生数及其增长率

【数据来源】中国教育统计年鉴2006—2010〔M〕.北京：人民教育出版社，2007—2011.

占毕业生总数的56.38%。在2006—2010年间，普通高校成人本科毕业生增长较快，从19.94万人增加到77.34万人，增加了57.40万人，增长287.86%；成人专科毕业生从43.88万人增加到99.96万人，增加了56.08万人，增长127.80%（见图2.9）。

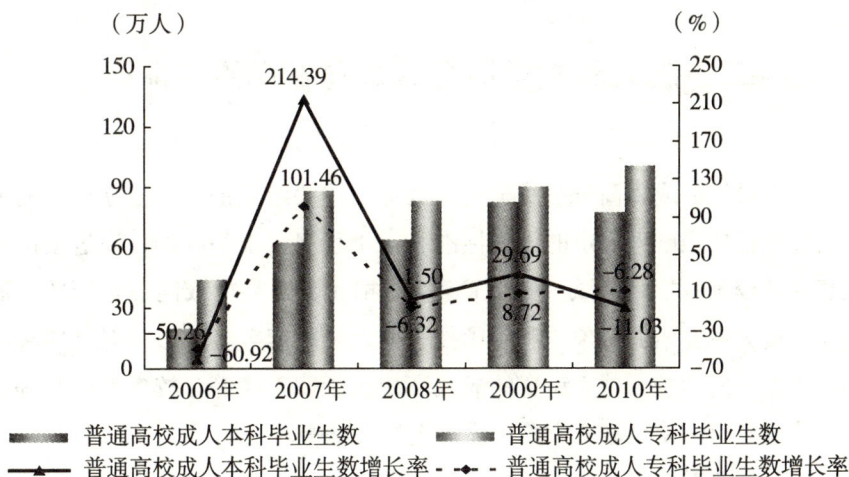

图2.9 2006—2010年普通高校成人本专科毕业生数及其增长率

【数据来源】中国教育统计年鉴2006—2010〔M〕.北京：人民教育出版社，2007—2011.

(四) 普通高校成人学历继续教育以函授和业余为主, 脱产学习大幅下降

普通高校举办的学历继续教育主要有业余、函授和成人脱产班三种形式。2010年, 普通高校成人本专科在校生达489.40万人, 其中, 函授本专科在校生274.33万人, 业余本专科在校生205.64万人, 成人脱产本专科在校生只有9.42万人。三种办学形式中, 函授形式的在校生比例最大, 占总数的56.06%, 其次是业余学习形式, 占总数的42.02%, 而成人脱产班在校生仅占1.93% (见图2.10)。

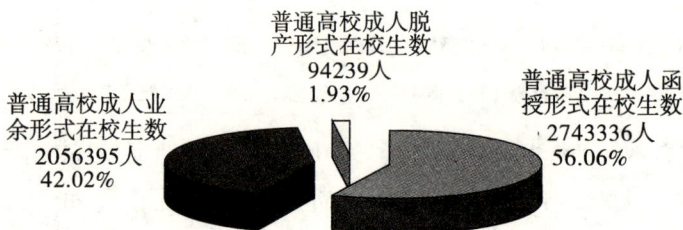

普通高校成人脱产形式在校生数
94239人
1.93%

普通高校成人业余形式在校生数
2056395人
42.02%

普通高校成人函授形式在校生数
2743336人
56.06%

图2.10 2010年普通高校成人高等教育三种办学形式在校生比例

【数据来源】中国教育统计年鉴2010 [M] . 北京: 人民教育出版社, 2011.

二、成人高校学历继续教育在调整中前行

独立设置的成人高校是我国高等教育的重要组成部分。独立设置的成人高校是指按照国家规定的设置标准和审批程序批准举办的, 通过全国成人高等学校统一招生考试 (成人高考), 招收普通高中或同等学历的在职从业人员为主要培养对象, 利用函授、业余、脱产等多种形式对其实施高等学历教育的学校。独立设置的成人高校包括职工高等学校、农民高等学校、管理干部学院、教育学院、广播电视大学等。

随着高等教育大众化战略的推进, 普通高校扩招, 民办高等教育机构快速发展, 高等职业教育受到重视和支持, 成人高校的发展面临巨大挑战。一方面, 国家加大改革力度, 积极进行政策调整; 另一方面, 成人高校加快转型, 突破困境, 探索改革之路。

（一）成人高校数量逐年锐减，地方成人高校调整变动大

我国成人高校的发展经历曲曲折折，1949 年新中国成立时，全国只有 1 所成人高校，至 1965 年成人高校学校数量增长到 964 所，1978 年达到了顶峰，达 10395 所。随着对成人高等学校的调整，1980 年全国共有 2775 所成人高校。之后，再次出现锐减趋势，1985 年成人高校减至 1216 所，2000 年继续滑落到 772 所。2001—2010 年成人高校逐年减少，由 686 所调整为 365 所，减少近一半（见图 2.11）。

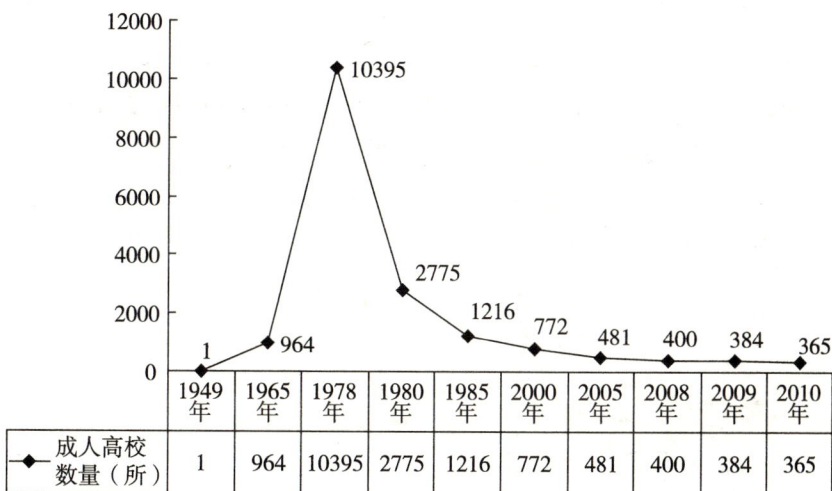

	1949年	1965年	1978年	1980年	1985年	2000年	2005年	2008年	2009年	2010年
◆ 成人高校数量（所）	1	964	10395	2775	1216	772	481	400	384	365

图 2.11　独立设置的成人高校数量变化

【数据来源】中国教育年鉴 1949—1981 ［M］．长沙：湖南教育出版，1984；中国教育年鉴 1985—1986 ［M］．长沙：湖南教育出版社，1988；中国教育统计年鉴 2000—2010 ［M］．北京：人民教育出版社，2001—2011.

2010 年，全国 365 所成人高校中，中央部委成人高校 14 所，其中教育部 1 所，其他部委 13 所；地方所属成人高校 349 所，其中教育部门 128 所，非教育部门 221 所；还有 2 所民办成人高校。365 所成人高校中，共有 234 所是非教育部门所属，占总数的 64.11%。2006—2010 年，中央部委所属高校变化不大，仅减少 1 所，地方所属成人高校由 444 所调整为 349 所，其中，教育部门所属成人高校减少 49 所，非教育部门所属成人高校减少 29 所。

（二）成人高校招生数量明显下滑，不同学科招生有较大差异

1. 本专科招生均呈下降趋势，本科招生下降更为明显

2010年全国成人高校本专科招生数为18.36万人，其中，本科招生2.06万人，比2009年减少了0.48万人，下降19.01%；专科招生16.30万人，比2009年减少了2.24万人，下降12.09%。

从招生比例来看，成人高校本科招生2.06万人，占招生总数的11.21%，专科招生16.30万人，占招生总数的88.79%，专科招生规模远远大于本科，几乎是本科招生人数的8倍。

2006—2010年，无论是本科招生还是专科招生都持续减少。其中，本科招生减少的幅度比专科招生减少的幅度大。2006—2010年，本科招生减少了2.87万人，减少58.22%。专科招生虽不如本科招生下降幅度大，但也是连年下降，其中，2010年下降的幅度最大，比2009年减少了2.24万人，降幅达12.09%（见图2.12）。

图2.12　2006—2010年成人高校成人本专科招生数及其增长率

【数据来源】中国教育统计年鉴2006—2010［M］．北京：人民教育出版社，2007—2011.

2. 不同学科招生均有所下降，农学和历史学本科招生不足百人

2010 年，全国成人高校共设置 488 种专业 37604 个专业点，涉及哲学、经济学、法学、教育学、文学、历史学、理学、工学、农学、医学和管理学 11 个学科门类。其中，工学的专业种类最多，达 162 种，包括 10568 个专业点。最少的是哲学，只有 4 个专业种类 33 个专业点（见表 2.5）。

表 2.5　2010 年成人高校设置专业数（个）

	合计	哲学	经济学	法学	教育学	文学	历史学	理学	工学	农学	医学	管理学
种数	488	4	15	21	39	61	6	54	162	30	43	53
点数	37604	33	1990	1564	2461	5205	174	1767	10568	838	2652	10352

2010 年，全国成人高校本科招生 2.06 万人，占招生总数的 11.21%，涵盖法学、工学、管理学、教育学、经济学、理学、历史学、农学、文学、医学 10 个学科门类。其中，文学招生人数最多，位列第一，占招生总数的 31.94%。教育学和管理学分别位列第二和第三。招生人数最少的三个学科分别是经济学、农学和历史学，农学和历史学本科招生不足百人（见表 2.6、图 2.13）。

表 2.6　2010 年成人高校本科招生分学科规模分布

学科名称	招生人数（人）	百分比（%）	排位
文　学	6573	31.94	1
教育学	5068	24.63	2
管理学	2740	13.31	3
法　学	2028	9.85	4
医　学	1654	8.04	5
理　学	962	4.67	6
工　学	896	4.35	7
经济学	542	2.63	8
农　学	65	0.32	9
历史学	52	0.25	10

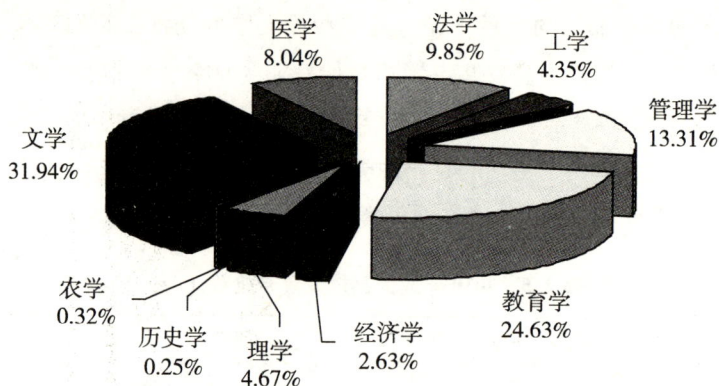

图 2. 13　2010 年成人高校本科招生各学科比例情况

【数据来源】中国教育统计年鉴 2010 ［M］. 北京：人民教育出版社，2011.

　　2006—2010 年，成人高校本科招生大部分学科（包括法学、工学、管理学、教育学、理学、历史学和文学等学科）均呈下降趋势，下降幅度最大的是理学和文学，理学从 2006 年的 5483 人减少到 2010 年的 962 人，文学从 2006 年的 19910 人减少到 6573 人（见表 2.7、图 2.14）。

表 2.7　2006—2010 年成人高校本科分学科门类招生数（人）

	法学	工学	管理学	教育学	经济学	理学	历史学	农学	文学	医学
2006 年	3557	2240	3852	11654	325	5483	731	26	19910	1528
2007 年	3274	1316	2921	9137	350	3355	444	35	16634	1549
2008 年	2946	1183	2697	8565	864	2231	380	40	14110	1275
2009 年	2063	1165	3408	5657	732	1653	201	62	9369	1102
2010 年	2028	896	2740	5068	542	962	52	65	6573	1654

　　2010 年，全国成人高校专科招生 16. 30 万人，占招生总数的 88. 79%，涵盖法学、工学、管理学、教育学、经济学、理学、历史学、农学、文学、医学等 10 个学科门类。理学、工学和医学分别位列招生人数的前三名，而招生人数最少的 3 个学科分别是理学、农学和历史学（见表 2.8、图 2. 15）。

（人）

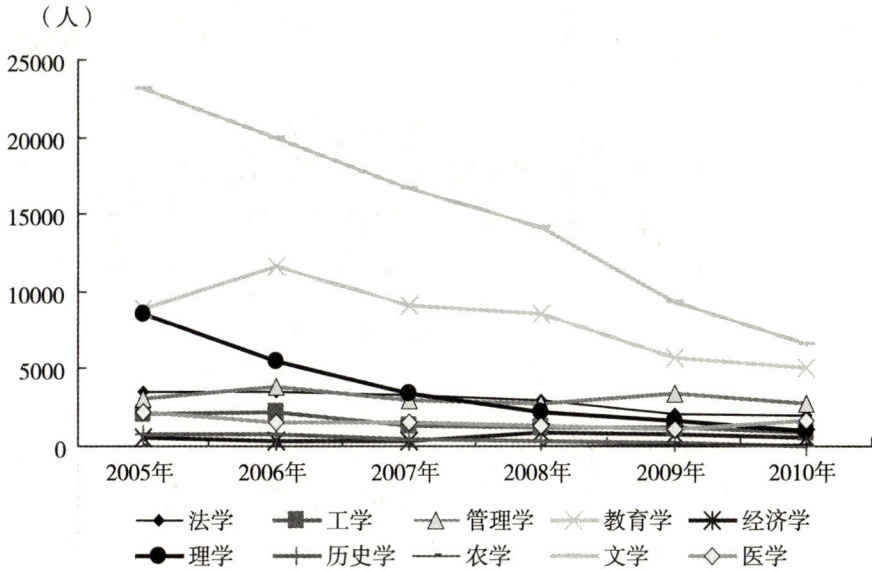

图2.14　2005—2010年成人高校本科各学科招生数变化

【数据来源】中国教育统计年鉴2006—2010［M］．北京：人民教育出版社，2007—2011．

表2.8　2010年成人高校专科招生分学科规模分布

学科名称	招生人数（人）	百分比（%）	排位
理　学	59106	36.29	1
工　学	44591	27.38	2
医　学	15891	9.76	3
文　学	15122	9.29	4
教育学	14082	8.65	5
经济学	8158	5.01	6
法　学	4089	2.51	7
理　学	907	0.56	8
农　学	865	0.53	9
历史学	56	0.03	10

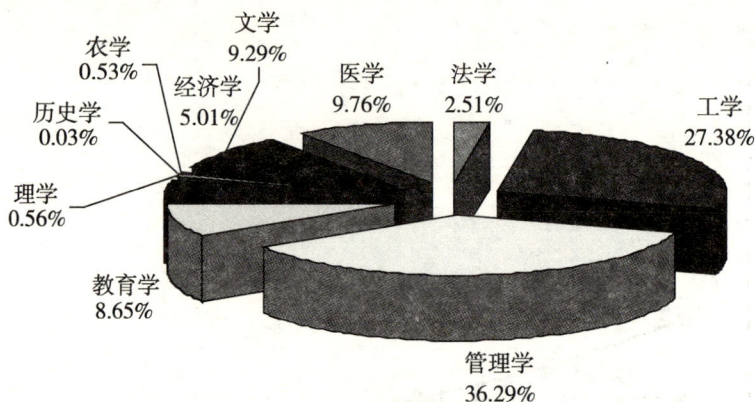

图 2.15　2010 年成人高校专科招生各学科比例情况

【数据来源】中国教育统计年鉴 2010 ［M］. 北京：人民教育出版社，2011.

2006—2010 年间，几乎所有学科门类专科招生都有不同程度的下降。持续下降的学科有法学、管理学、经济学、理学、农学和文学。2010 年比 2006 年招生数量减少超过万人的学科有管理学和文学，其中，管理学招生数减少最多，从 2006 年的 76209 人减少到 2010 年的 59106 人。而工学、教育学虽然在不同年度出现上下波动，但总趋势是下降的（见表 2.9、图 2.16）。

表 2.9　2006—2010 年成人高校专科分学科门类招生数（人）

	法学	工学	管理学	教育学	经济学	理学	历史学	农学	文学	医学
2006 年	9854	37053	76209	14585	14257	2479	37	1037	26284	15353
2007 年	5096	46239	75614	12707	13447	2020	57	1112	22291	16282
2008 年	4326	55160	68634	10722	10560	2333	36	878	19932	15208
2009 年	4527	54867	67817	13184	10412	1500	48	558	18974	13485
2010 年	4089	44591	59106	14082	8158	907	56	862	15122	15891

（三）成人高校在校生以专科生为主，本科在校生减幅较大

2010 年，成人高校在校生 46.65 万人，其中本科 5.19 万人，占总数的 11.12%，专科 41.46 万人，占总数的 88.88%。从办学层次上看，成人

（人）

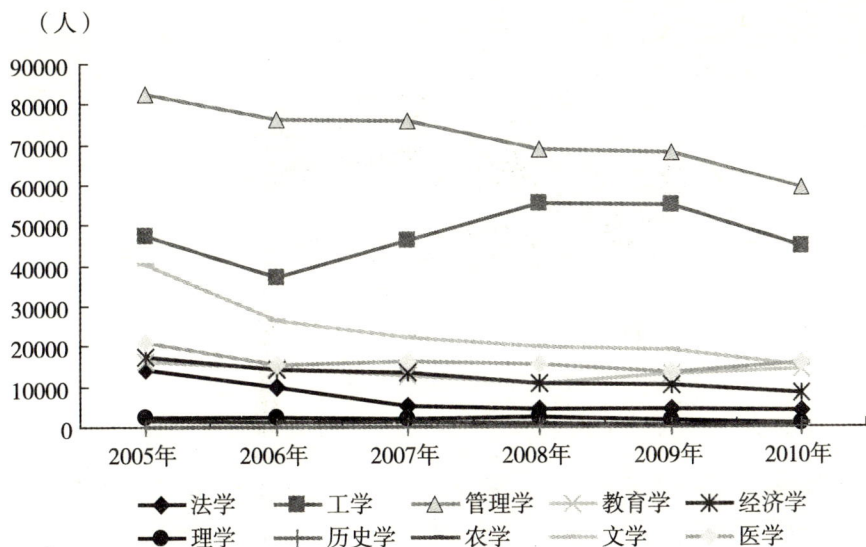

图 2.16　2005—2010 年成人高校专科各学科招生变化

【数据来源】中国教育统计年鉴 2006—2010 ［M］. 北京：人民教育出版社，2007—2011.

高校的办学层次以专科层次为主，专科在校生占在校生总数近 90%。从办学类型上看，与普通高校成人本专科在校生有所不同，成人高校脱产学生比例远远高于普通高校成人本专科脱产学生，在 46.65 万在校生中，全脱产 21.66 万人，占总数的 46.43%，几乎占到了在校生总数的一半，而普通高校成人本专科脱产学生仅为 1.93%。

2010 年，成人高校在校生中，规模最大的是职工高等学校，共有在校生 16.37 万人，占总数的 35.09%；广播电视大学位居第二，有在校生 15.97 万人，占总数的 34.24%；教育学院有在校生 7.81 万人，占总数的 16.74%；管理干部学院有在校生 6.10 万人，占总数的 13.08%；规模最小的是农民高等学校，只有在校生 0.16 万人，占总数的 0.35%（见图 2.17）。

2010 年全国成人高校本专科在校生人数为 46.65 万人，其中，本科在校生人数为 5.19 万人，较上一年减少了 2.83 万人，下降了 35.29%；专科在校生人数为 41.46 万人，较上一年减少了 4.71 万人，下降了 10.20%。

2006—2010 年，成人高校本科在校生减少的幅度较大，5 年间，本科

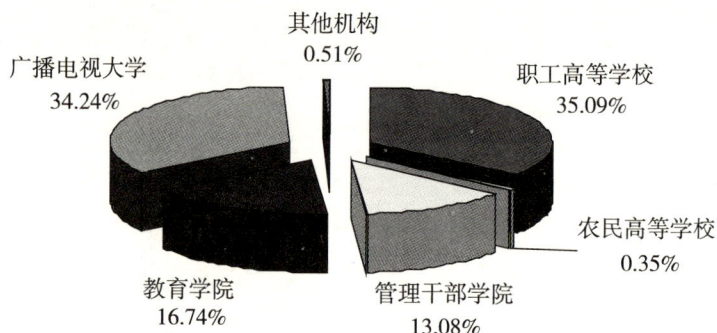

图 2.17　2010 年不同类型成人高校在校生比例

【数据来源】中国教育统计年鉴 2010［M］. 北京：人民教育出版社，2011.

在校生减少了 9.13 万人，每年减少的比例均在 10% 以上。其中，2010 年减少的幅度最大，达 35.29%。成人高校专科在校生也持续减少，5 年间，专科在校生减少了 14.43 万人。但下降的幅度低于本科在校生，2010 年下降的幅度最大，达 10.20%（见图 2.18）。

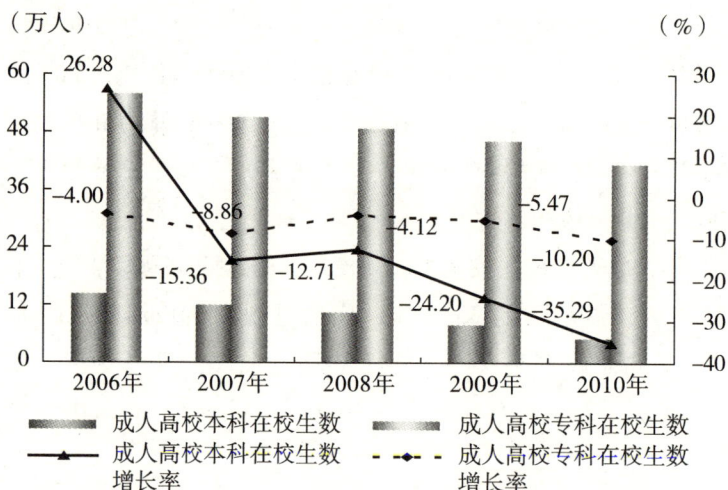

图 2.18　2006—2010 年成人高校本专科在校生数及其增长率

【数据来源】中国教育统计年鉴 2006—2010［M］. 北京：人民教育出版社，2007—2011.

（四）成人高校本科毕业生开始减少，专科毕业生持续下降

2010 年，全国成人高校本专科毕业生人数为 19.99 万人，其中，本科毕业生人数为 3.06 万人，较上一年减少了 0.97 万人，下降了 24.07%；专科毕业生人数为 16.93 万人，较上一年减少了 0.88 万人，下降了 4.94%。2006—2010 年，成人高校本专科毕业生总体上持续减少。成人高校专科毕业生连续几年下降，但下降幅度低于本科毕业生（见图 2.19）。

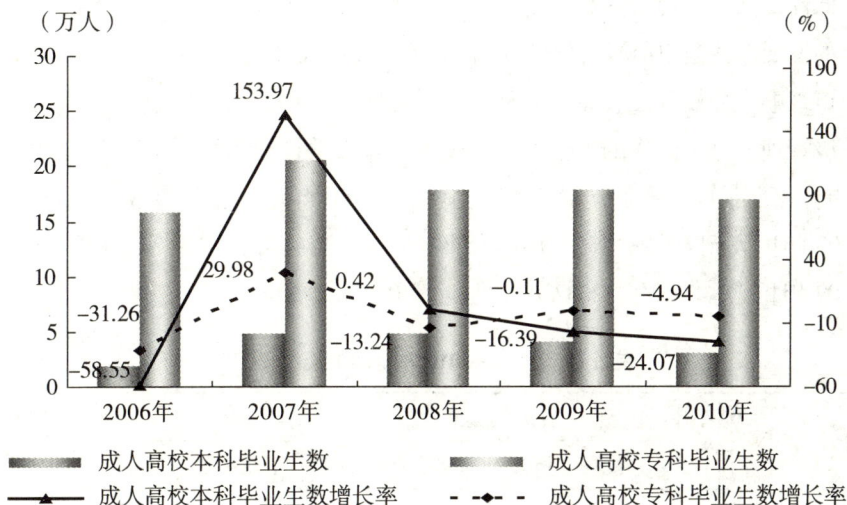

图 2.19　2006—2010 年成人高校成人本专科毕业生数及其增长率

【数据来源】中国教育统计年鉴 2006—2010. 北京：人民教育出版社，2007—2011.

三、远程继续教育不断改革探索、扩大规模

我国远程继续教育通过广播电视大学系统和网络教育试点，逐渐形成规模。广播电视大学系统办学网络覆盖全国城乡，网络教育起步虽晚，但发展势头强劲。

（一）广播电视教育覆盖面广，办学方式灵活

1. 广播电视大学办学网络覆盖至县级

中国广播电视大学是由中央广播电视大学，省级广播电视大学，地市级、县级广播电视大学分校和工作站组成的远程教育体系。中国广播电视大学（以下简称电大）是邓小平同志在1978年亲自倡导并批准创办的，是采用计算机网络、卫星电视等现代传媒技术，运用文字教材、音像教材、多媒体课件、网络课程等多种媒体进行远程教育的开放性高等学校。经过30多年的发展，截至2010年，全国已有1所中央电大和44所省级电大、1103所地市级电大分校（工作站）、1853所县级电大工作站，由此组成了统筹规划、分级管理、分工协作的现代远程开放教育和教学管理系统。全国电大教学班（点）不断扩大，办学网络覆盖全国城乡。2008年电大教学班数为59731个，2009年扩大到66398个，2010年继续保持上涨趋势，增加到74610个，与2009年相比，增长了12.37%（见表2.10、图2.20）。

表2.10 2008—2010年全国电大办学情况

	省级学校数（所）	省级学校下设		分校下设	教学班（点）数（个）
		分校数（所）	工作站数（所）	工作站数（所）	
2008年	44	779	170	1823	59731
2009年	44	774	159	1829	66398
2010年	44	926	177	1853	74610

2. 电大学历教育形式多样，规模保持稳定

电大的高等学历教育包括开放教育和统招高等教育两个部分。从1979年首次招生至2010年秋，高等学历教育累计招生1223.8万人，从1982年首批高等学历教育学生毕业至2010年，累计培养高等学历教育毕业生828.56万人[1]。

---

[1] 阮志勇. 中国广播电视大学教育统计年鉴2010 [M]. 北京：中央广播电视大学出版社，2011.

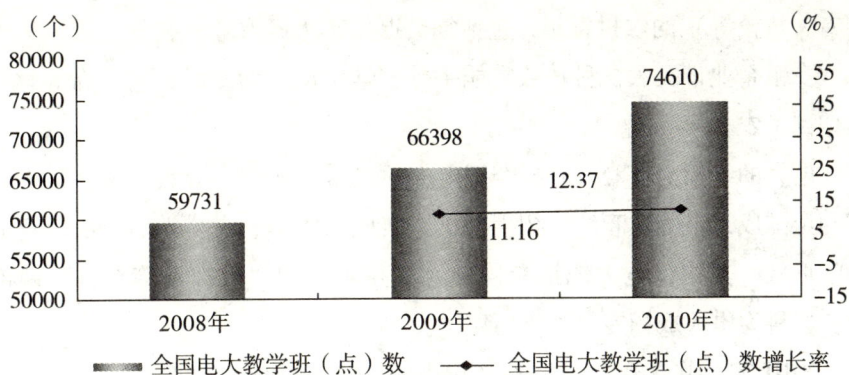

图 2.20　2008—2010 年全国电大教学班（点）数及其增长率

【数据来源】中国广播电视大学教育统计年鉴 2008—2010 ［M］. 北京：中央广播电视大学出版社，2009—2011.

　　电大的开放教育源于 1999 年 4 月教育部实施的"中央广播电视大学人才培养模式改革和开放教育试点"项目，由此，全国电大的改革和发展进入了全新的阶段。开放教育试点由中央电大统一组织，全国电大共同参与，合作高校和有关部委积极配合。经过 2002—2003 年教育部组织的试点项目中期评估的推动，至 2006 年 12 月，实现了试点预期目标，完成了既定任务，取得了丰硕成果，形成了体现中国远程开放大学特色的开放式人才培养模式、学导结合的教学模式、系统运作的教学管理模式和一体化运行机制，对我国现代远程教育工程的实施产生了重大影响。2007 年试点项目已经通过教育部总结性评估，成为电大的常规办学形式。开放教育实施本科（专科起点）和专科教育，实行学分制，课程成绩和获得的相应学分在学籍注册后 8 年内有效。学生需要报名并参加电大统一组织的入学水平测试，合格者才可注册并取得学籍。

　　电大开放教育分为 3 个层次，即开放教育本科、开放教育专科和"一村一名大学生计划"（简称"一村一"）。开放教育本科注册对象为具有国民教育系列高等专科毕业及以上学历者（相同或相近专业）。专科注册对象为普通高中、职业高中、技工学校和中等专业学校毕业者。"一村一名大学生计划"是在历年面向农业、农村和农民进行实用技术培训的基础上，于 2004 年组织实施的项目，招收对象为高中毕业或同等学历（职高、中专、技校等）的农村青年，包括复员退伍军人、农业科技示范户、村干部、乡镇企业带头人、科技致富能手等，学历层次为专科，它将高等教育延伸到了农村第一线。

电大的统招高等教育是指全国电大通过全国普通高等教育统一招生考试和全国成人高等教育统一招生考试，实施高等本、专科学历层次教育的办学形式。其中，电大统招专科分为"高职"和"成招高等专科"两部分，本科为电大成招专升本学历层次。

2010 年，中央电大开放教育在理学、工学、农学、医学、文学、法学、经济学、管理学、教育学 9 个学科中，开设本科（专科起点）、专科、"一村一"专业共计 92 个。其中，本科（专科起点）专业 27 个，新设专业 3 个；专科专业 47 个，新设专业 4 个；"一村一"专业 18 个，新设专业 1 个。全国电大成招高等专科和成招专升本学历教育在 10 个学科大类 51 个二级类中设置了 320 个专业，高职教育在 13 个学科大类 29 个二级类中开设了 70 个专业。

电大高等学历教育中，开放教育占主要份额。2010 年，电大高等学历教育共计招生 97.19 万人，其中，开放教育招生 91.92 万人，占招生总数

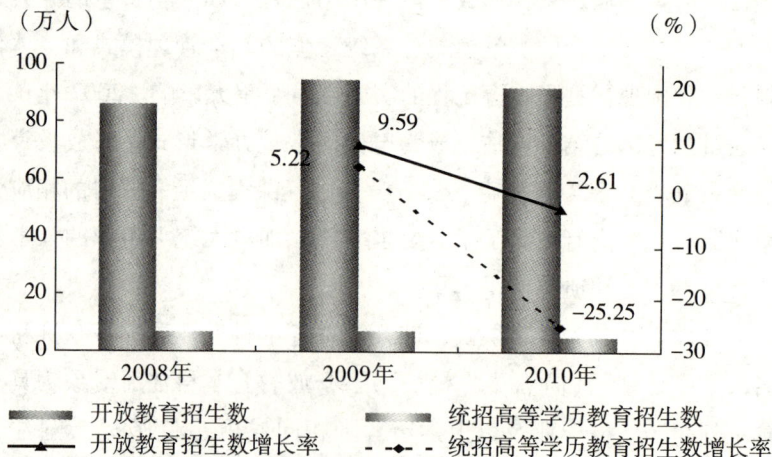

图 2.21　2008—2010 年全国电大高等学历招生数及其增长率

【数据来源】中国广播电视大学教育统计年鉴 2008—2010 [M]．北京：中央广播电视大学出版社，2009—2011.

的 94.58%；统招高等学历招生数为 5.27 万人，仅占招生总数的 5.42%。
2008 年电大开放教育招生数为 86.12 万人，2009 年增长了 9.59%，2010
年又回落了 2.61%。2008 年统招高等教育招生数为 6.70 万人，2009 年增
长了 5.22%，2010 年又下降了 25.25%，统招高等教育招生数下降的幅度
远远大于开放教育（见图 2.21）。

电大高等学历在校生中，开放教育在校生规模持续增长，从 2008 年的
224.97 万人增长到 2009 年的 266.35 万人，2010 年达到 279.60 万人。从
增长率来看，2009 年比 2008 年增长 18.93%，2010 年又比 2009 年增长
4.97%。而统招高等学历在校生逐年下降，2009 年比 2008 年减少 0.09 万
人，下降 0.49%，2010 年比 2009 年减少人数达 2.41 万人，下降 13.29%
（见图 2.22）。这预示着电大的高等学历教育将以开放教育为主，逐步减少
统招高等学历学生规模。

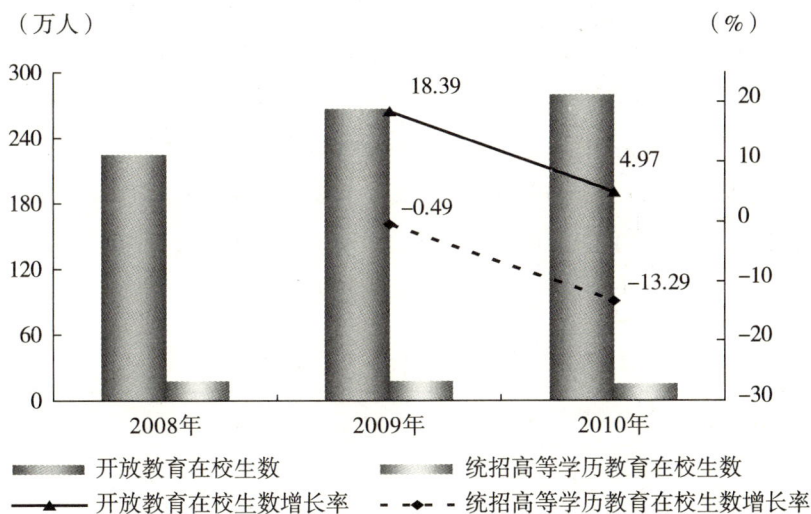

图 2.22　2008—2010 年全国电大高等学历在校生数及其增长率

【数据来源】中国广播电视大学教育统计年鉴 2008—2010［M］. 北京：中央广播电视大学出
版社，2009—2011.

（二）远程网络教育试点先行，规模逐年扩大

1. 网络教育学院应运而生，发展势头强劲

网络教育学院（也称网络大学或网络学院）是一种新兴的教育模式。它与传统学校教育模式不同，主要通过远程教育实施教学，学生点击网上课件（或是光盘课件）来完成课程的学习，通过电子邮件或发帖子的方式向教师提交作业或与教师即时交流，另外，也通过集中面授辅助教学。

网络教育学院有高中起点专科、高中起点本科和专升本三种层次类型。通常实行弹性学制，允许学生自由选择学习期限，高中起点专科、专科起点本科一般学制3年，学习期限2—5年；高中起点本科一般学制5年，学习期限4—7年。其培养的达到本专科毕业要求的网络教育学生，由学校按照国家有关规定颁发高等教育学历证书，学历证书电子注册后，国家予以承认。根据教育部文件，试点院校的网络教育学院可以自主决定招生范围和标准、考试方式、招生人数、招生专业以及颁发文凭。自1999年以来，全国共有68所普通高校和中央电大开展现代远程教育（网络教育）试点。目前，68所授权开展网络学历教育的试点院校基本上是教育部直属高校，特别是"211工程"的重点大学，主要集中在京津地区和华东地区（其中京津地区有21所，华东地区有15所），占全国试点院校的一半以上，而华南、西北等地区试点院校较少（见表2.11）。

表2.11　全国网络学历教育试点院校名单

学校所在地区	学校数（所）	学校名称
京津地区	21	北京大学、中国人民大学、清华大学、北京交通大学、北京航空航天大学、北京理工大学、北京科技大学、北京邮电大学、中国农业大学、北京中医药大学、北京师范大学、北京外国语大学、北京语言大学、中国传媒大学、对外经济贸易大学、中央音乐学院、中国石油大学（北京）；中国地质大学（北京）、中央广播电视大学、南开大学、天津大学

续表

学校所在地区	学校数（所）	学校名称
华东地区	15	中国科学技术大学、复旦大学、上海交通大学（含医学院）、华东理工大学、东华大学、华东师范大学、上海外国语大学、南京大学、东南大学、江南大学、浙江大学、厦门大学、福建师范大学、山东大学、中国石油大学（华东）
东北地区	8	大连理工大学、东北大学、中国医科大学、东北财经大学、吉林大学、东北师范大学、哈尔滨工业大学、东北农业大学
西南地区	8	四川大学、重庆大学、西南交通大学、电子科技大学、西南科技大学、四川农业大学、西南大学、西南财经大学
西北地区	5	西安交通大学、西北工业大学、西安电子科技大学、陕西师范大学、兰州大学
华中地区	8	郑州大学、武汉大学、华中科技大学、中国地质大学（武汉）、武汉理工大学、华中师范大学、湖南大学、中南大学
华南地区	3	中山大学、华南理工大学、华南师范大学

2. 网络教育学生规模逐年扩大，以专科层次为主

2010 年，全国网络教育本专科招生 166.37 万人，比 2002 年 43.42 万人，增加近三倍。其中，本科招生 55.58 万人，占招生总数的 33.41%；专科招生 110.79 万人，占招生总数的 66.59%。网络教育以专科层次居多。

2006—2010 年，网络教育本科招生从 50.95 万人增至 55.58 万人，总体呈现不断增长的趋势，但增长的幅度都在 10% 以下。网络教育专科招生 2010 年比 2006 年增加 48.49 万人，增长率高于本科招生增长率；特别是 2006—2009 年间，增长率分别达到了 29.15%、18.11%、27.25% 和 14.75%；2010 年增速放缓，增长率仅为 3.12%（见图 2.23）。

（万人）   （%）

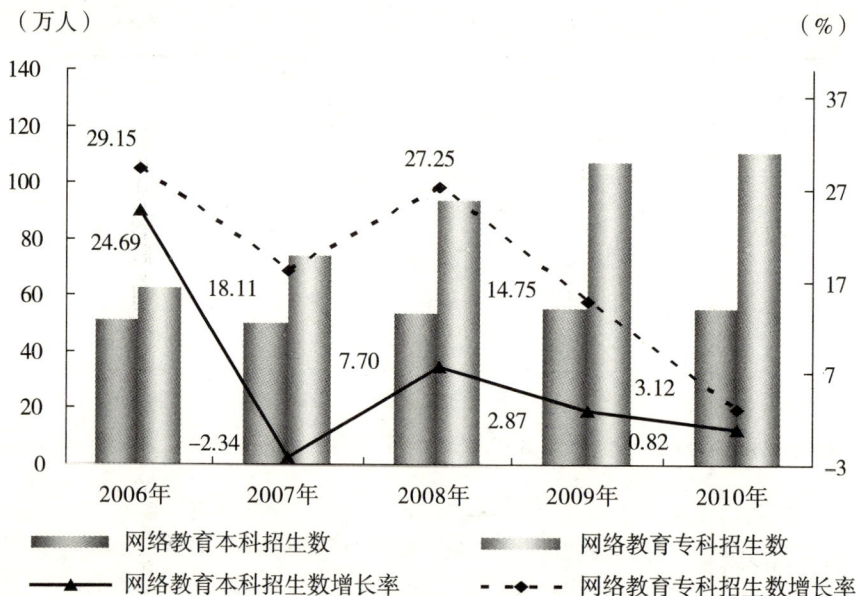

图 2.23　2006—2010 年全国网络教育本专科招生数及其增长率

【数据来源】中国教育统计年鉴 2006—2010 ［M］. 北京：人民教育出版社，2007—2011.

　　2010 年，全国网络教育本专科在校生人数共计 453.14 万人，是 2002
年 108.22 万人的四倍多。其中，本科在校生人数为 164.04 万人，占在校
生总数的 36.20%，专科在校生为 289.10 万人，占在校生总数的 63.80%。
2006—2010 年，网络教育本专科在校生规模持续稳步增长，网络教育本科
在校生规模增长缓于专科在校生规模增长。与 2006 年相比较，网络教育本
科在校生从 129.69 万人增加到 164.04 万人，增加了 34.35 万人；网络教
育专科在校生从 149.61 万人增加到 289.10 万人，增加了 139.49 万人。
2007—2010 年，网络教育本科在校生增长率保持在 10% 以下，2010 年增
长率仅为 4.31%；网络教育专科在校生增长率保持在 10% 以上，特别是
2009 年，增长率达到 23.10%，2010 年增长速度放缓，但增长率也达
11.19%（见图 2.24）。

（万人）   （%）

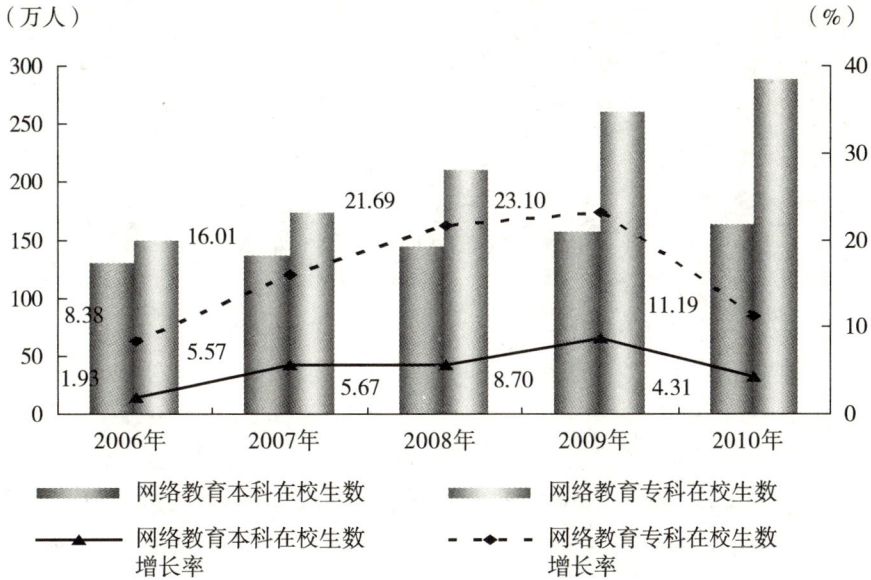

图 2.24 2006—2010 年全国网络教育本专科在校生数及增长率

【数据来源】中国教育统计年鉴 2006—2010［M］. 北京：人民教育出版社，2007—2011.

　　2010 年全国网络教育本专科共计毕业学生 110.55 万人，其中，本科毕业生 42.25 万人，占毕业生总数的 38.22%；专科毕业生 68.30 万人，占毕业生总数的 61.78%。从毕业生总人数来看，2006—2010 年，无论本科毕业生还是专科毕业生人数均有所增加。网络教育本科毕业生从 2007 年的 37.72 万人增加到了 2010 年的 42.25 万人；2010 年较 2009 年增加的毕业生人数较多，为 1.70 万人，增长率上升到了 4.19%。网络教育专科毕业生从 2006 年的 44.84 万人增加到了 2010 年的 68.30 万人；2010 年较 2009 年增加毕业生 10.50 万人，增长率高达 18.17%（见图 2.25）。

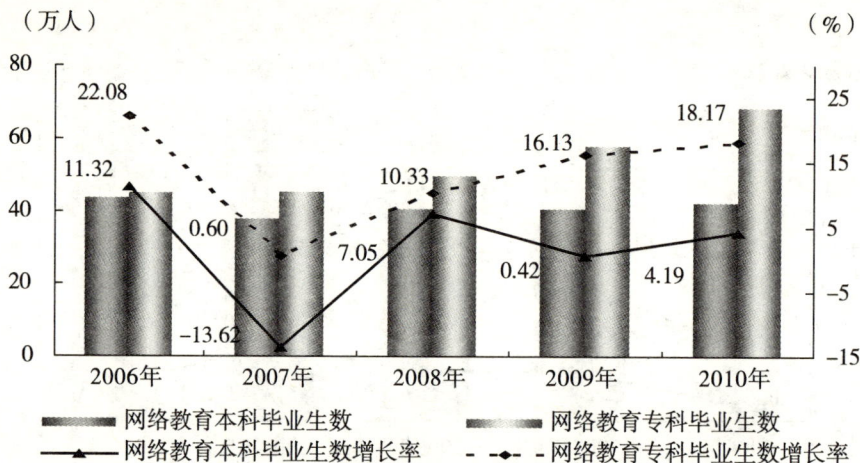

图 2.25 2006—2010 年全国网络教育本专科毕业生数及其增长率

【数据来源】中国教育统计年鉴 2006—2010 ［M］. 北京：人民教育出版社，2007—2011.

四、高等教育自学考试积极发展、稳中求进

高等教育自学考试（简称自考）是对自学者进行以学历为主的高等教育国家考试，是个人自学、社会助学和国家考试相结合的高等教育形式。

（一）高等教育自学考试形式灵活

高等教育自学考试制度创立于 1981 年。目前，自学考试已遍及全国 31 个省、自治区、直辖市及军队系统和港澳台地区，是我国规模最大的开放高等教育形式。中华人民共和国公民，不受性别、年龄、民族、种族和已受教育程度的限制，均可依照国务院《高等教育自学考试暂行条例》的规定参加自学考试。经过国家组织的统一考试，取得合格成绩。在通过教学计划规定的全部理论和实践课程的考试后，即可取得大学专科或本科的毕业证书。本科毕业生还可以申请学士学位。高等教育自学考试是对学习者进行以学历考试为主的高等教育国家考试，属于国民教育系列。

高等教育自学考试以考生自学为主，根据需要和可能，自考生还可以

选择面授、函授、广播、电视、音像等方式接受指导和帮助。部分应用技术类专业需参加全日制学习，有相应毕业年限。考试采用施考分科、学分累计的方式逐步完成学业。按照专业考试计划的要求，分课程进行考试，课程考试合格者发单科合格证并按规定计算学分。不及格者可参加下一次该课程的考试。自学考试的报考费用较低，其学历社会认可度较高，通过难度也较大，是我国门槛最低的高等教育形式。

我国高等自学考试具有十分重要的作用和意义。首先，从高等教育大众化的要求来看，随着整个世界社会经济的发展，以及知识经济的逐渐出现，教育已经越来越成为社会发展和经济建设的重要力量和因素。在这种情况下，我国的高等教育自学考试制度以其特有的方式，突破了传统高等教育人才培养的模式和框架，以成本比较低、覆盖面比较大、社会和经济效益也比较好的特点，在社会上获得了人们的基本认可，成为我国社会一种比较普遍的教育和学习形式。其次，我国高等教育自学考试制度的价值和意义，还体现在它对于高等教育教学改革和人才培养模式改革所做出的贡献。高等教育自学考试制度虽然也有一定形式的社会助学，但是从总体上看，它仍然主要是以学生的自学为主的，而且，这种高等教育自学考试制度本身也要求学生具有比较强的自学能力，同时，它在客观上也培养了学生自学的能力。

（二）高等教育自学考试规模稳步扩大，层次结构发生变化

我国高等教育自学考试一直以专科学历为主，随着社会对人才学历规格要求的提高，以及高等职业教育的发展，自学考试出现本科教育需求增长的趋势，专科教育报考人数下降，本科教育报考规模上升。2010 年全国高等教育自学考试报考人数为 965.00 万人，其中，本科报考人数为 610.94 万人，占报考总人数的 63.31%；专科报考人数为 354.06 万人，占报考总人数的 36.69%。从报考人数来看，本科报考人数有所增加。2006—2010 年，本科报考人数从 563.51 万人增加到 610.94 万人，而专科报考人数则持续减少，从 2006 年的 385.73 万人减少到 2010 年的 354.06 万人（见图 2.26）。

（万人）

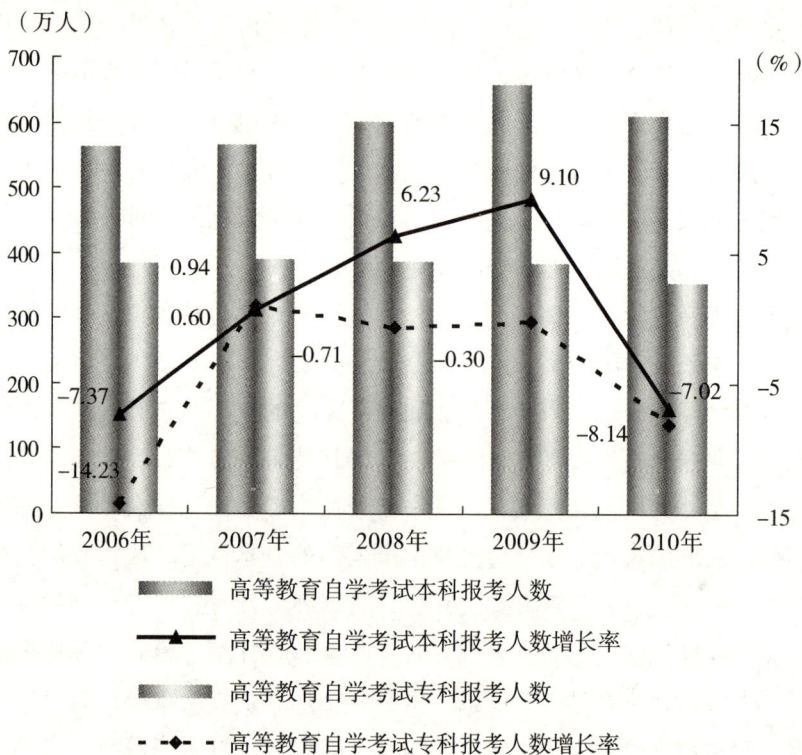

图 2.26　2006—2010 年全国高等教育自学考试本专科报考人数及其增长率

【数据来源】中国教育统计年鉴 2006—2010 ［M］. 北京：人民教育出版社，2007—2011.

　　2010 年，全国高等教育自学考试注册考生人数已达 6541.21 万人，其中，本科注册考生人数达 2503.98 万人，占注册考生总人数的 38.28%；专科注册考生人数达 4037.23 万人，占注册考生总人数的 61.72%。从注册考生人数来看，2006—2010 年，无论是本科注册考生人数，还是专科注册考生人数均持续增加，其中本科注册考生人数增长率维持在 5% 以上，略高于专科注册考生人数增长率（专科注册考试人数增长率低于 3%）。2010 年比 2009 年，本科注册考生人数增加 125.77 万人，增长率为5.29%；专科注册考生人数增加 60.66 万人，增长率有所下降，为 1.53%（见图 2.27）。

（万人）　　　　　　　　　　　　　　　　　　　　　　　　　　（％）

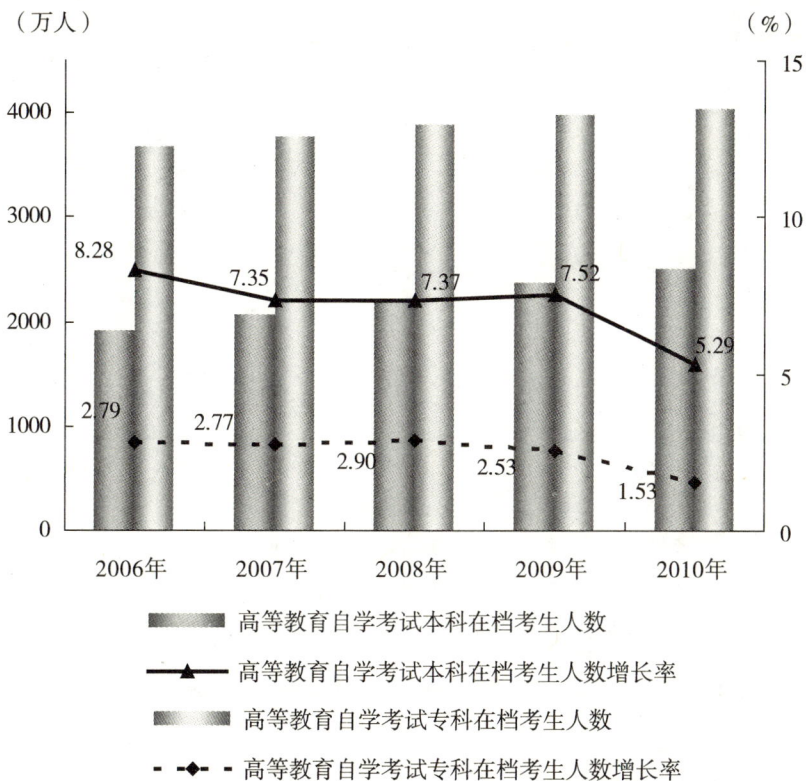

图 2.27　2006—2010 年全国高等教育自学考试本专科在档人数及其增长率

【数据来源】中国教育统计年鉴 2006—2010［M］. 北京：人民教育出版社，2007—2011.

　　2010 年，全国高等教育自学考试本专科共计毕业人数为 68.73 万人，其中，本科毕业生为 46.09 万人，占毕业生总数的 67.06％；专科毕业生为 22.64 万人，占毕业生总数的 32.94％。从毕业生人数来看，无论是本科毕业生人数还是专科毕业生人数，2010 年均比 2007 年有所增加，其中，本科毕业生人数增加了 8.69 万人，专科毕业生人数只增加了 1.83 万人。从增长率的变化来看，本科毕业生增长率逐年平稳提高，而专科毕业生增长率却上下波动较大（见图 2.28）。

　　截至 2010 年底，高等教育自学考试已开考专业 796 个，涵盖哲学、经济学、法学、管理学、文学、历史学、教育学、理学、工学、农学、医学、军事学等 12 大学科专业门类（见表 2.12）；在全国 693 所高校设立了

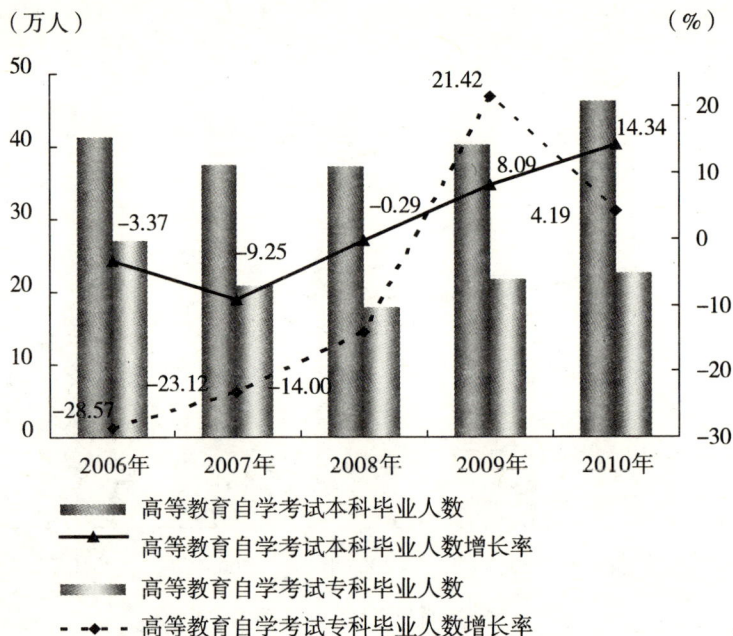

图 2.28　2006—2010 年全国高等教育自学考试本专科毕业人数及其增长率

【数据来源】中国教育统计年鉴 2006—2010［M］．北京：人民教育出版社，2007—2011．

主考学校，吸引全国 1602 家机构参与自学考试的社会助学活动，包括普通高校、民办高校、成人高校、教育培训公司等；全国建立起中央、省、地（市）、县四级自学考试管理机构体系，每年定期组织 4 次全国统一的课程考试，组织编写教材 736 种，开发网络课件 200 多个。

表 2.12　2010 年高等教育自学考试开考专业（个）

	专科专业	独立本科专业	专本衔接本科专业	总计
经济学类	73	39	20	132
法学类	24	7	5	36
工学类	93	39	20	152
教育学类	9	6	1	16
文学类	51	18	25	94
理学类	8	8	0	16

续表

	专科专业	独立本科专业	专本衔接本科专业	总计
医学类	18	8	4	30
农学类	35	16	5	56
历史学类	1	3	0	4
哲学类	1	0	1	2
管理学类	0	1	1	2
总计	313	145	82	540

注：表中未包括军事学类的数据。

【数据来源】http：//search. zikao. eol. cn/special. php.

五、成人中等学历继续教育发展差距拉大

成人中等学历继续教育包括了成人高中、成人中专和成人初中三个层次。

（一）成人高中规模逐步缩小，在校生数量下滑

成人高中学历教育实施的是一种补充型的后续教育。它的主要任务是使已经具有初中毕业文化程度的从业人员和社会青年，通过系统学习，基本达到高中毕业水平。掌握高中必备的文化基础知识，可以为进一步学习技术、业务或接受岗位培训、高等教育打下文化基础。它是我国教育事业发展过程中，高中教育不能满足人民群众需要的特定时代产物。随着我国经济社会的发展，教育事业取得长足发展，高中教育也随之得到逐步普及，因此，成人高中发展规模也自然有所缩小。从学校数量上来看，2000年全国尚有1939所成人高中，而到了2005年就减少了近一半，只有974所，2009年成人高中数量进一步减少，仅为753所；到了2010年又减少了近100所，只有654所（见图2.29）。

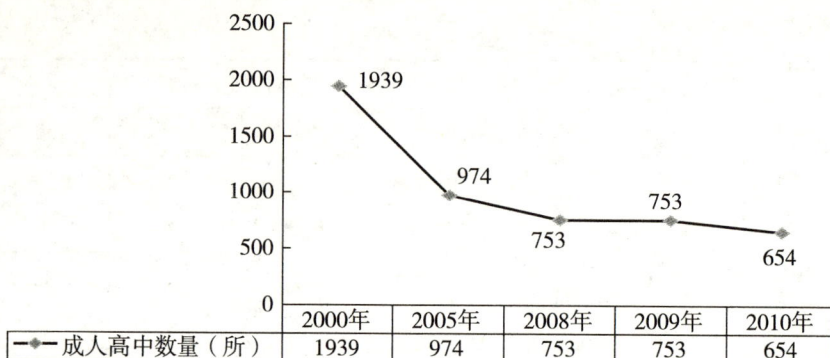

	2000年	2005年	2008年	2009年	2010年
成人高中数量（所）	1939	974	753	753	654

图 2.29　2000—2010 年全国成人高中数量变化

【数据来源】中国教育统计年鉴 2000—2010 ［M］. 北京：人民教育出版社，2001—2011.

随着成人高中数量减少，在校生人数随之减少。2010 年全国成人高中在校生人数较 2006 年减少了 5.97 万人（见图 2.30）。

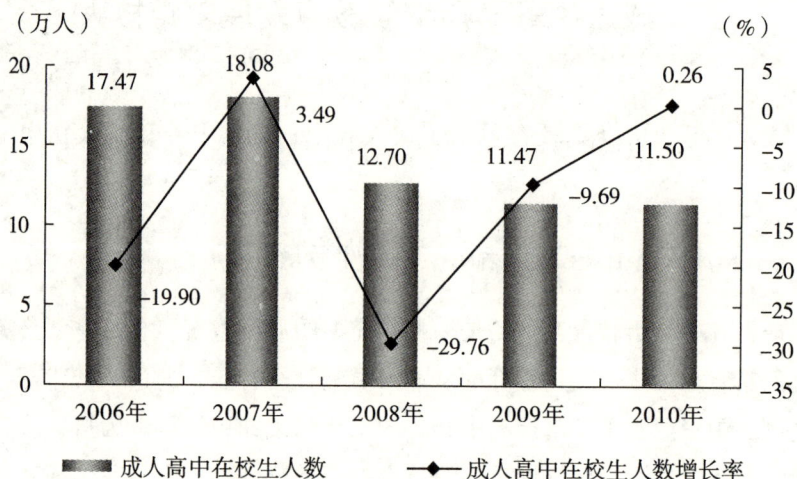

图 2.30　2006—2010 年全国成人高中在校生人数及其增长率

【数据来源】中国教育统计年鉴 2006—2010 ［M］. 北京：人民教育出版社，2007—2011.

从 2007 年开始，全国成人高中毕业生规模开始缩小，并且缩小的幅度很大。成人高中毕业生已经由 2006 年的 12.41 万人减少到 2010 年的 9.02 万人（见图 2.31）。

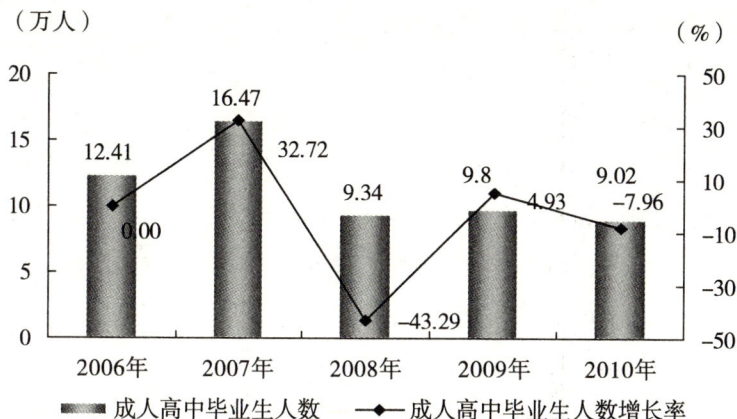

图 2.31　2006—2010 年全国成人高中毕业生人数及其增长率

【数据来源】中国教育统计年鉴 2006—2010 ［M］. 北京：人民教育出版社，2007—2011.

（二）成人中专数量急剧减少，学生人数却大幅增加

我国成人中专的数量急剧减少，2000 年我国尚有 4634 所成人中专，至 2005 年减少了近一半，只有 2582 所。2010 年全国共有成人中专 1720 所，比 2009 年又减少了 163 所（见图 2.32）。

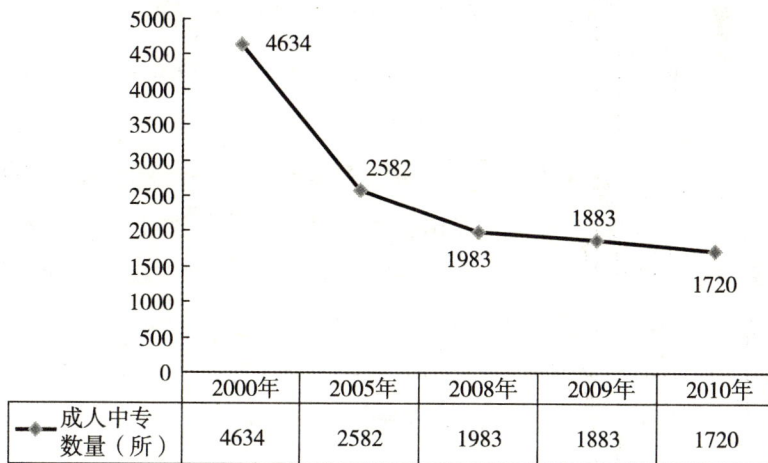

	2000年	2005年	2008年	2009年	2010年
成人中专数量（所）	4634	2582	1983	1883	1720

图 2.32　2000—2010 年全国成人中专数量变化

【数据来源】中国教育统计年鉴 2000—2010 ［M］. 北京：人民教育出版社，2001—2011.

虽然我国成人中专数量持续减少，但是成人中专的招生人数却持续增加，这一方面说明成人中专仍可满足人民群众对中专学历的需求，另一方面也说明我国成人中专进行了适当的结构调整。从招生人数上看，2007年，全国成人中专招生人数为 52.00 万人，较上一年增加了 12.65%；2008 年较 2007 年增加了 3.83 万人，增长率为 7.37%；2009 年招生人数进一步增加，而且增长率高达 55.63%，达到了 86.89 万人；2010 年较 2009 年进一步增加，突破了 100 万人关口，达到 116.11 万人，增长率为 33.63%（见图 2.33）。

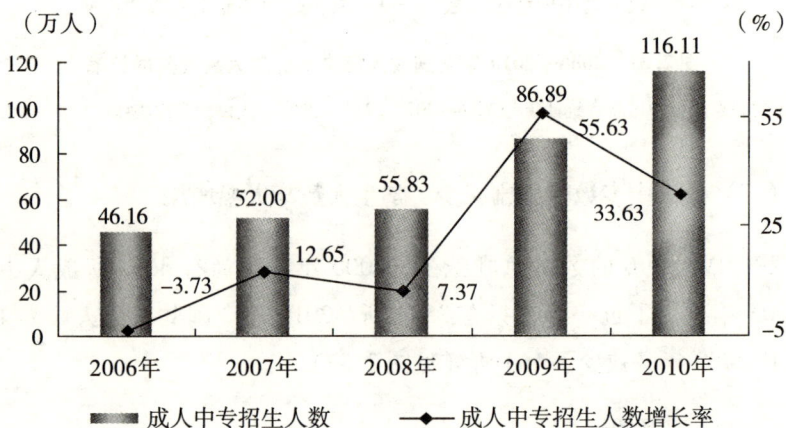

图 2.33　2006—2010 年全国成人中专招生人数及其增长率

【数据来源】中国教育统计年鉴 2006—2010［M］. 北京：人民教育出版社，2007—2011.

2010 年全国成人中专在校生规模也没有随着学校数量的减少而缩小，相反，在校生规模持续扩大。2010 年全国成人中专在校生达到 212.40 万人，是 2006 年在校生 107.59 万人的近一倍。2010 年较 2009 年在校生人数增加了 51.41 万人，增长率为 31.93%（见图 2.34）。

2010 年全国成人中专毕业生人数为 481 万人，较上一年增长了 25.19%。从近年来的数据看，全国成人中专毕业生人数持续增加，其中 2007 年至 2009 年每年增加的人数不多，2008 年和 2009 年的毕业生增长率分别为 2.13% 和 0.23%（见图 2.35）。

（万人）　　　　　　　　　　　　　　　　　　　　　　　　　　　（％）

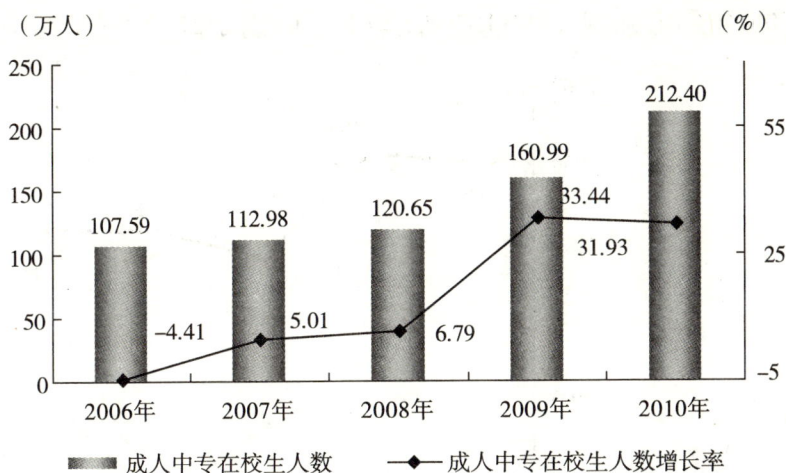

图 2.34　2006—2010 年全国成人中专在校生人数及其增长率

【数据来源】中国教育统计年鉴 2006—2010 ［M］. 北京：人民教育出版社，2007—2011.

（万人）　　　　　　　　　　　　　　　　　　　　　　　　　　　（％）

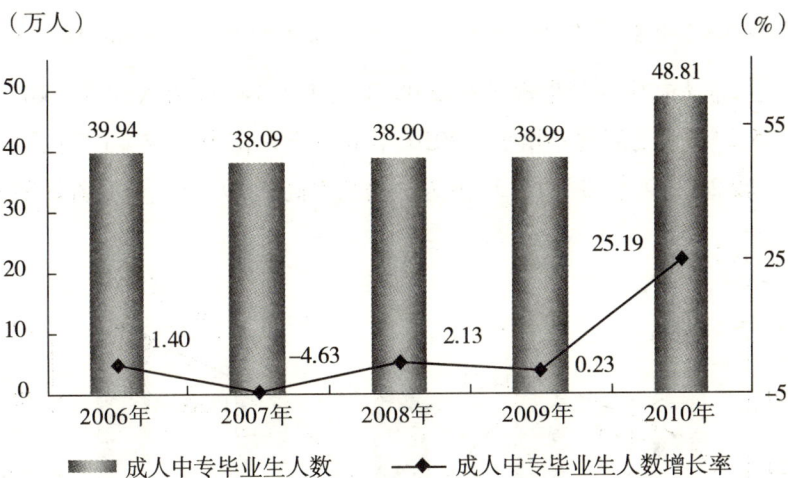

图 2.35　2006—2010 年全国成人中专毕业生人数及其增长率

【数据来源】中国教育统计年鉴 2006—2010 ［M］. 北京：人民教育出版社，2007—2011.

（三）成人初中规模不稳，学生数量有所波动

从 2000 年开始，我国成人初中数量出现上下波动，2000 年为 2001 所，2005 年增加至 2064 所，但是到了 2008 年，学校数量减少了 663 所，只有 1401

所。2010 年全国共有成人初中 1589 所，较上一年增加了 31 所（见图 2.36）。

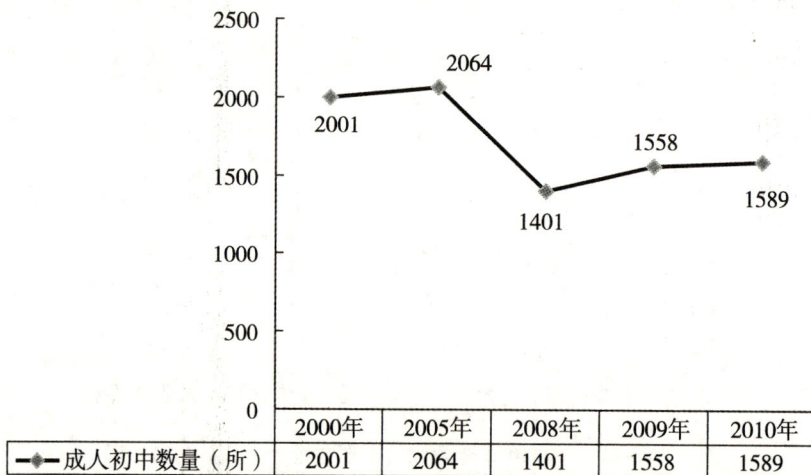

	2000年	2005年	2008年	2009年	2010年
成人初中数量（所）	2001	2064	1401	1558	1589

图 2.36　2000—2010 年全国成人初中数量变化

【数据来源】中国教育统计年鉴 2000—2010［M］. 北京：人民教育出版社，2001—2011.

全国成人初中在校生规模在 2008 年减少了 14.60 万人，较 2007 年减少了 25.21%。之后逐年增加，2010 年全国成人初中在校生达到了 63.00 万人，较 2009 年增加了 14.21 万人，增长率高达 29.12%（见图 2.37）。

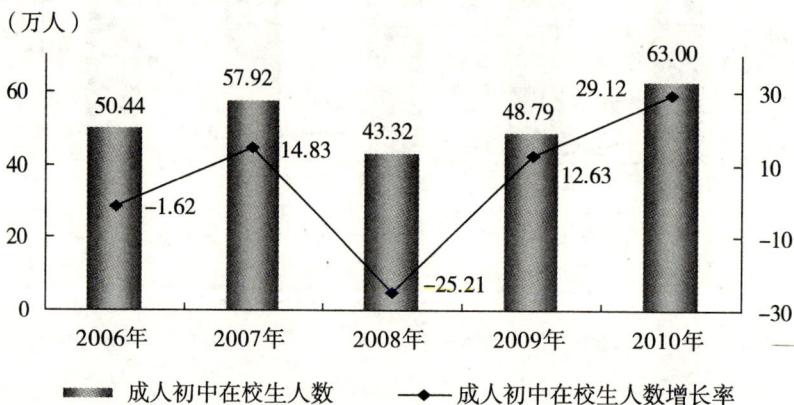

图 2.37　2006—2010 年全国成人初中在校生人数及其增长率

【数据来源】中国教育统计年鉴 2006—2010［M］. 北京：人民教育出版社，2007—2011.

中国非学历继续教育发展现状

  继续教育是面向学校教育之后所有社会成员特别是成人的教育活动，是终身学习体系的重要组成部分。我国正在经历经济发展方式和产业结构调整的重要时期，非学历继续教育不仅满足了社会成员多样化的学习需求，更能提高劳动者的素质，是我国继续教育的重要组成部分。近年来，非学历继续教育无论是培训的参与率、规模和成效，都有了不同程度的提高；非学历继续教育领域不断拓展，不仅在学校、机关、企事业单位持续发展，而且深入农村乡镇，推动了社区教育、扫盲教育；非学历继续教育的质量和效益不断提升，为形成人人皆学、处处可学、时时能学的学习型社会做出了积极贡献。

一、学校非学历继续教育发展提速，成人培训规模喜忧参半

  教育系统承担非学历继续教育的主体是各级各类学校，包括高等学校（含高职）、中等职业学校（机构）、职工技术培训学校、成人文化技术学校以及其他学校。对各类学校的培训规模（在校注册生数）和成果（结业生数）进行分析，可以较为全面地揭示学校开展非学历继续教育的现状和成效。根据现代产业体系建设、行业企业发展需要和学习者需求，学校非

学历继续教育日趋灵活多样。

（一）高等学校非学历继续教育持续升温，逐步实现转型

随着经济结构的调整和高等学校学历教育的进一步扩招，以及各类人员学习需求的增长和日益丰富，高等学校继续教育越来越向非学历培训倾斜和发展。高等学校的非学历继续教育包括各种进修、培训以及研究生班、普通预科、自考助学等类型，内容涉及各类学科进修、各类岗位证书和资格证书培训以及能力和素质提升的其他培训。

1. 注册生规模稳步增长

2010 年，高等学校非学历继续教育注册生数达 332.89 万人，比 2009 年增加 43.43 万人，增长 15.00%（见图 3.1）。其中女生 163.65 万人，占注册生总数的 49.16%。参加各类非学历教育进修及培训的注册生数达 263.69 万人，占非学历继续教育在校注册生总数的 79.21%。

2006—2010 年期间，高等学校非学历继续教育注册生数持续稳步增长。2010 年比 2006 年注册生人数增加了 83.33 万人，增长 33.39%。其中2010 年增长幅度最大，达 15.00%。

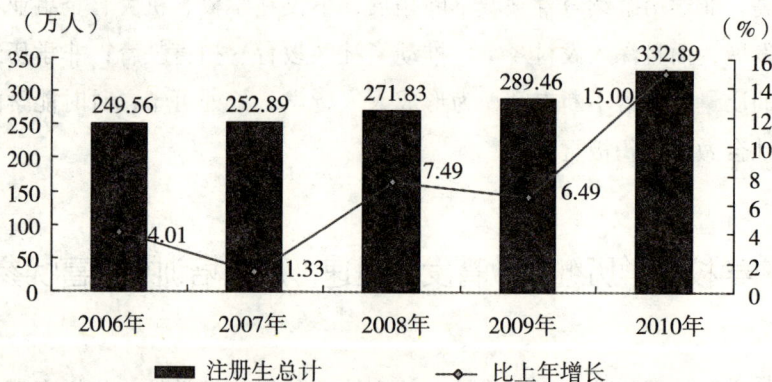

图 3.1　2006—2010 年高等学校非学历继续教育注册学生数变化情况

【数据来源】中国教育统计年鉴 2006—2010 ［M］. 北京：人民教育出版社，2007—2011.

2. 结业生数量大幅提升

2010 年，高等学校非学历继续教育共有 712.56 万人结业，比 2009 年

增加 180.86 万人，增长 34.02%（见图 3.2）。

2010 年，高等学校各种非学历教育进修及培训的结业生达 688.24 万人，占非学历继续教育结业生总数的 96.59%。比 2009 年的 504.35 万人，增加 180.89 万人，增长 35.05%。其中，资格证书培训结业生为 131.55 万人，比 2009 年增加 22.15 万人；岗位证书培训结业生 106.99 万人，比 2009 年减少 11.50 万人。

2006—2010 年期间，高等学校非学历继续教育的结业生增长幅度前期增幅不大，后期增长明显。2010 年高等学校非学历继续教育结业生比 2006 年增加 346.57 万人，增长 94.69%。5 年累计结业 2460.80 万人，5 年间各类非学历继续教育结业生总量均高于注册生。

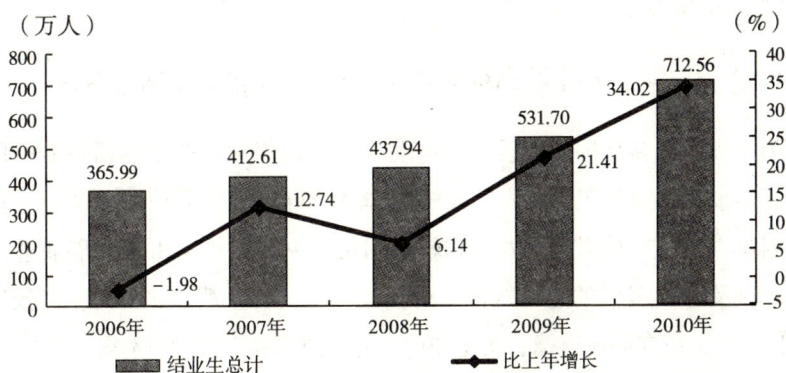

图 3.2　2006—2010 年高等学校非学历继续教育结业学生数变化情况

【数据来源】中国教育统计年鉴 2006—2010［M］. 北京：人民教育出版社，2007—2011.

3. 高层次非学历继续教育潜力巨大

非学历继续教育具有直接有效服务经济社会的明显优势，是教育体系中最富活力、最显服务力、最能体现社会效益的元素。高校结合自身的优势和特色，在办学理念、所属类型、服务区域、人才培养层次等方面进行战略转型，加强与行业、企业、社区的合作，开展大学后继续教育、中高层次岗位培训、职业资格证书教育，开拓教育培训新领域，非学历的教育培训呈现出积极态势。2010 年，全国高校开展进修及培训注册生规模在 3 万及以上的高校有浙江大学（61227 人）、清华大学（37719 人）、北京大学（36616 人）。高校充分利用优质教育资源，开展了多样化的高层次人员培训和继续教育，影响力辐射全国。清华大学积极转型发展，在全国率先停办成人高等学历教育，把发展的重点放在大力开展高层次非学历继续教育上。2010 年举办各类培训班 2557 个，培训学员 31.72 万人次，其中面授培训学员 10.13 万人次，远程教育扶贫 21.59 万人次。北京大学积极服务于市场高端培训需求，不断扩大办学规模，全校非学历培训开班数量从 2006 年的 313 个发展到 2010 年的 508 个，培训结业人数从 2006 年的 14508 人发展到 2010 年的 30085 人，实现了快速增长。浙江大学先后同国家有关部委、大中型企业、地方政府合作共建了 14 个继续教育培训基地，尤其在参与西部大开发和中部崛起战略活动中，为贵州、新疆、内蒙古等 15 个省区市培养了高级人才。

（二）中等职业技术培训机构成人培训明显下滑，培训量不足

为了满足创新型国家建设、经济发展方式转变和产业结构调整升级的需求，近年来我国中等职业技术培训机构非学历继续教育面向所有从业人员以及有创业、择业、转岗需求人员和就业困难、失业人员，重点发展职业教育培训，以及形式多样的道德规范、科技文化、文明生活、休闲文化和健康教育，使各类人员在职业道德、文化知识、专业技术和实践能力都得到了提升。

2010 年全国共有中等职业技术培训机构 129447 所，教学点 532983 个，比 2009 年明显减少。中等职业技术培训机构比 2009 年减少 23681 所，教学点比 2009 年减少 37684 个。2006—2010 年中等职业技术培训机构数量连年滑坡，从 2006 年的 177686 所减至 2010 年的 129447 所，减少了 27.15%（见表 3.1）。

表 3.1　2006—2010 年中等职业技术培训机构数量变化（所）

	2006 年	2007 年	2008 年	2009 年	2010 年
全国总计	177686	178900	162049	153128	129447
职工技术培训学校	3177	3719	3385	3108	2543
农民文化技术学校	150955	153303	137827	129443	106689
其他职业技术培训机构	23554	21878	20837	20577	20215

　　培训机构的减少，带来中等非学历继续教育培训规模的萎缩，2010年培训注册生为4925.01万人次，与2009年相比，减少了88.02万人次。2006—2010年中等职业技术培训机构培训注册生分别为5078.65万、5067.74万、5019.54万、5013.03万、4925.01万人次，2010年比2006年减少153.64万人次，减少3.02%（见图3.3）。

　　2010年培训结业生数为5252.29万人次，比2009年减少178.22万人次，减少3.28%。2010年比2006年减少481.33万人次，减少8.39%。2006—2010年中等职业技术培训机构非学历继续教育累计培训结业28140.59万人次，年均培训结业5628.12万人次（见图3.3）。

　　总体而言，中等职业技术培训机构数量减少，培训量仍有待提高。2010年，中等职业技术培训机构校均培训量为380人次，其中职工技术培训学校校均培训量最高，为1212人次；其他职业技术培训机构校均培训量为599人次，而农村成人文化技术学校校均培训量仅为320人次。

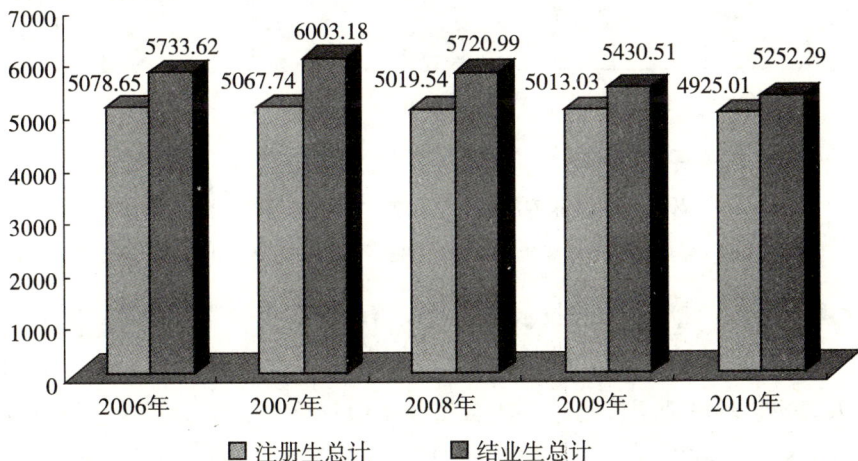

图3.3　2006—2010年中等职业技术培训机构学生数量变化情况

【数据来源】中国教育统计年鉴2006—2010［M］. 北京：人民教育出版社，2007—2011.

1. 农村成人文化技术培训学校数量锐减，培训出现滑坡

农村成人文化技术学校遍布中国乡镇，虽然连年不断减少，但仍坚持

"农科教结合"，在农村成人培训中发挥着重要的作用。

2010 年全国有农村成人文化技术培训学校 106689 所，与 2006 年相比，减少 44266 所，减少近 1/3。

2010 年农村成人文化技术学校培训注册生为 3424.22 万人次，占中等职业技术培训机构注册生总数的 69.53%。与 2009 年相比，培训注册生减少 299.69 万人次，下降了 8.05%（见图 3.4）。2006—2010 年农村成人文化技术培训学校的培训规模整体上呈下降趋势。2010 年下降幅度最大，2010 年比 2006 年减少 418.14 万人次，减少 10.88%。

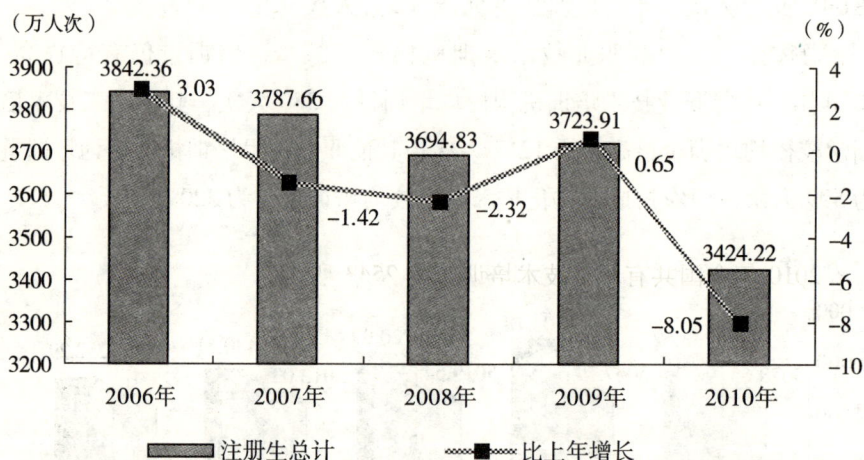

图 3.4　2006—2010 年农村成人文化技术学校注册学生数变化情况

【数据来源】中国教育统计年鉴 2006—2010 ［M］. 北京：人民教育出版社，2007—2011.

2010 年农村成人文化技术培训学校培训结业生数量为 3813.06 万人次，比 2009 年减少 317.63 万人次，下降了 7.69%。2006—2010 年农村成人文化技术培训学校的结业生数整体上缓慢下滑，培训结业生分别为 4520.58 万、4670.35 万、4358.22 万、4130.69 万和 3813.06 万人次。与 2006 年相比，2010 年培训结业生减少了 707.52 万人次，减少 15.65%。5 年累计结业 21492.90 万人次，年均培训学生 4298.58 万人次（见图 3.5）。

（万人次）   （%）

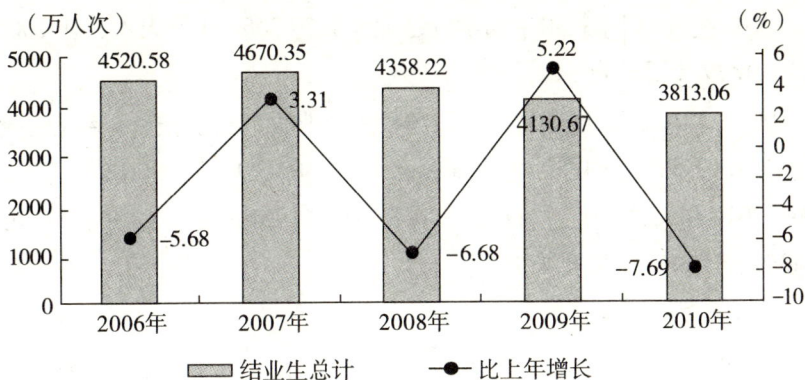

图 3.5　2006—2010 年农村成人文化技术学校结业学生数变化情况

【数据来源】中国教育统计年鉴 2006—2010［M］. 北京：人民教育出版社，2007—2011.

2. 职工技术培训学校成人培训保持稳定，培训量尚需扩大

职工技术培训学校传统上是行业企业继续教育的主要承担机构，在专业技术人才培养、职工岗位技能培训和素质教育方面发挥了主渠道作用。

2010 年全国共有职工技术培训学校 2543 所，有培训注册生 308.21 万人次，比 2009 年增加了 4.25 个百分点。2006—2010 年，职工技术培训学校的培训规模持续扩大，培训注册生数分别为 192.11 万、251.60 万、267.53 万、295.65 万、308.21 万人次。2006—2010 年，注册生数的增长率分别为 16.46%、30.97%、6.33%、10.51%、4.25%（见图 3.6）。

（万人次）   （%）

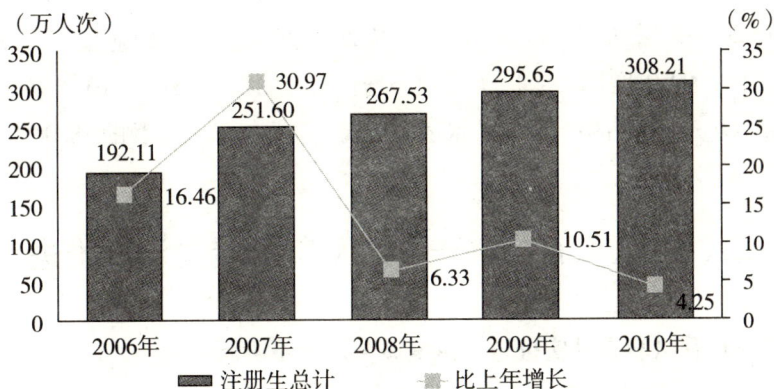

图 3.6　2006—2010 年职工技术培训学校注册学生数变化情况

【数据来源】中国教育统计年鉴 2006—2010［M］. 北京：人民教育出版社，2007—2011.

2010 年全国职工技术培训学校结业生数为 306.70 万人次，比 2009 年增加了 1.29 个百分点。

2006—2010 年，职工技术培训学校的结业生数稳步增长，结业生数分别为 225.19 万、264.66 万、269.31 万、302.79 万、306.70 万人次。2006—2010 年，注册生数的增长率分别为 16.46%、17.53%、1.76%、12.43%、1.29%（见图 3.7）。

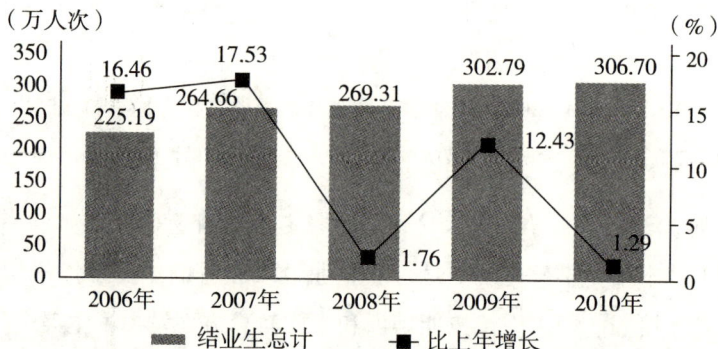

图 3.7　2006—2010 年职工技术培训学校结业生数变化情况

【数据来源】中国教育统计年鉴 2006—2010［M］. 北京：人民教育出版社，2007—2011.

3. 其他职业技术培训机构数量有所减少，培训规模稳中有升

2010 年，其他职业技术培训机构有 20215 所，比 2009 年减少 362 所，比 2006 年减少了 14.18%。其他职业技术培训机构有培训注册生 1192.57 万人次，比 2009 年增加 199.1 万人次，增长 20.04%；有培训结业生 1132.53 万人次，比 2009 年增加 135.48 万人次，增长 13.59%。2006—2010 年累计结业 5329.54 万人次，占中等职业技术培训机构 5 年累计结业总数的 18.94%。

二、社区教育方兴未艾，从实验转向深入推进

（一）社区教育扎实推进，区域城乡发展不协调

社区教育是在社区进行的旨在提高全体社区成员的素质并促进社区发展的教育活动。我国社区教育起步于 20 世纪 80 年代中后期的青少年校外

教育，90年代各地进行了积极的探索；2000年教育部启动社区教育的实验工作，2010年社区教育进入内涵发展和深入推进的新阶段。

近10年，教育部在全国建设了一大批社区教育实验区和示范区，开展了丰富多彩的社区教育活动，成为推进学习型社会建设的重要平台。社区教育以实验区、示范区为抓手，探索和引领社区教育的发展。社区教育实验区从2001年的28个发展到2007年的114个。2008年2月和2010年11月教育部又确定了两批全国社区教育示范区共计68个。2009年8月，教育部新增30个全国社区教育实施区，还对已有的114个全国社区教育实验区进行了规范管理，将114个实验区调整为68个（见表3.2、表3.3）。

表3.2　全国国家级社区教育实验区

	时间	覆盖范围	数量（个）
第一批	2001年11月	包括4个直辖市及14个省、自治区	28
第二批	2003年12月	包括3个直辖市及22个省、自治区	33
第三批	2006年7月	包括3个直辖市及6个省、自治区	20
第四批	2007年10月	包括3个直辖市及17个省、自治区	33
合　计			114
第五批	2009年8月	包括4个直辖市及17个省、自治区	98

表3.3　全国国家级社区教育示范区

	时间	覆盖范围	数量（个）
第一批	2008年2月	包括4个直辖市及13个省、自治区	34
第二批	2010年11月	包括3个直辖市及14个省、自治区	34
合　计		包括4个直辖市及16个省、自治区	68

国家级社区教育实验区和示范区主要分布在全国4个直辖市和19个省、自治区内，一些中西部的经济发展水平不高的省份没有开展社区教育实验。而经济较为发达的东部省份，积聚了93个实验区和示范区，占全国

136 个实验区和示范区总数的 68.38% （见图 3.8）。社区教育在东部沿海地区呈现出普及发展的趋势，并向农村社区推进，在中西部的中心城市也得到了初步发展，但是，对中西部多数地区而言，社区教育还是一片空白，呈现不平衡的发展格局。

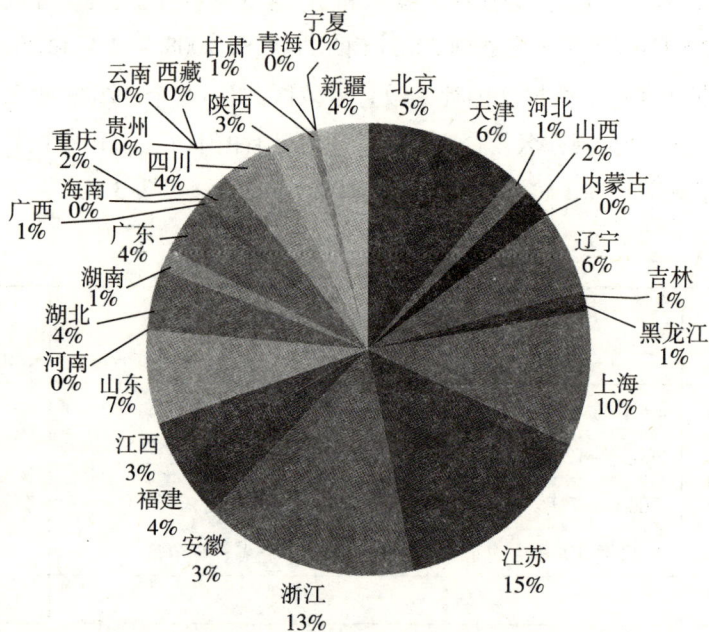

图 3.8 全国社区教育实验区和示范区的分地区分布

【数据来源】杨志坚. 中国社区教育发展报告（1985—2011 年）［M］. 北京：中央广播电视大学出版社，2012.

（二）社区教育参与率提升，实验区和示范区各有所长

据对 110 个国家级社区教育实验区、示范区（包括 63 个示范区和 47 个实验区）有关调查统计，2010 年，共培训居民共计 4704.28 万人，培训率达 50.77%，有超过 50% 的社区居民参加了各种内容和形式的教育培训。其中，63 个社区教育示范区共培训居民 3295.83 万人，培训率达 55.10%，比 47 个实验区的培训率 42.84% 高出了 12.26 个百分点（见图 3.9）。

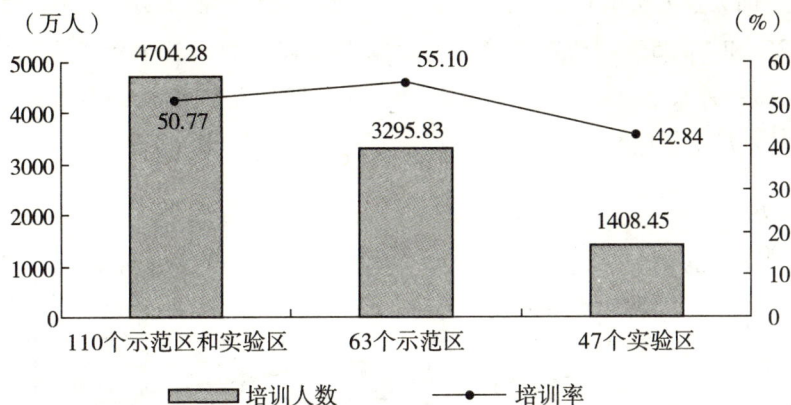

图 3.9 2010 年 110 个国家级社区教育实验区、示范区培训人数及比例情况

【数据来源】杨志坚.中国社区教育发展报告(1985—2011 年)[M].北京:中央广播电视大学出版社,2012.

社区教育主要分为五个类别,包括外来务工人员培训、老年教育培训、农民培训、青少年校外素质教育、下岗失业人员培训等。2010 年,外来务工人员参与培训人数所占比例最高,为 37.39%,其次是老年教育参与培训人数,占 21.52%,农民培训人数占 20.67%,所占比例最低为下岗失业人员,仅为 3.34%。

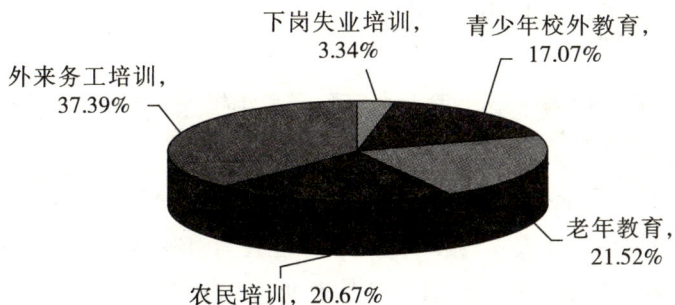

图 3.10 2010 年 110 个国家级社区教育实验区和示范区各类培训所占比重

【数据来源】杨志坚.中国社区教育发展报告(1985—2011 年)[M].北京:中央人民广播电视大学出版社,2012.

2010 年国家级社区教育各类人员培训中,培训率最高的是下岗失业人员,为 68.88%。虽然接受培训的下岗失业人员总数远不及其他四类人员,但是下岗失业人员的培训比例最高。青少年、老年和农民分别为 64.45%、52.82% 和 48.05%。值得注意的是，培训率较低的是外来务工人员，为 41.66%；外来务工人员由于其数量最多，即便培训率低，但也培训了 1048.71 万人（见图 3.11）。

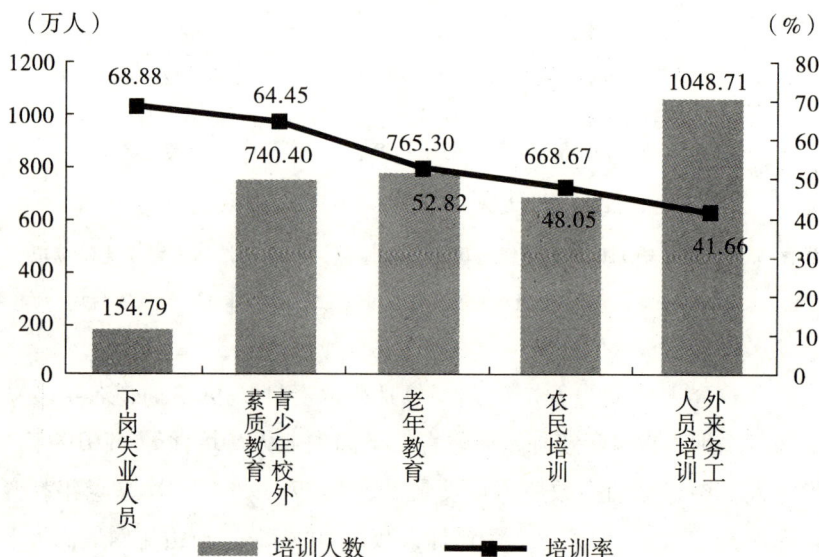

图 3.11 2010 年 110 个国家级社区教育实验区、示范区培训的各类人员数及培训率

【数据来源】杨志坚. 中国社区教育发展报告（1985—2011 年）［M］. 北京：中央广播电视大学出版社，2012.

具体来说，63 个社区教育示范区除青少年校外素质教育以外，其他四类培训的培训率均高于 47 个社区教育实验区。

2010 年，63 个社区教育示范区共培训了 2160.99 万人，其中下岗失业人员培训 114.83 万人、青少年校外素质教育 469.63 万人、老年教育 498.34 万人、农民培训 315.54 万人、外来务工人员培训 762.65 万人。培训率从高到低依次为下岗失业人员培训（84.50%）、青少年校外素质教育（62.80%）、老年教育（62.60%）、农民培训（51.90%）、外来务工人员培训（46.60%）。47 个社区教育实验区共培训了 1216.88 万人，其中下岗失业人员培训 39.96 万人、青少年校外素质教育 270.76 万人、老年教育 266.97 万人、农民培训 353.13 万人、外来务工人员培训 286.06 万人。培训率从高到低依次为青少年校外素质教育（67.52%）、农民培训（45.06%）、下岗失业人员培训（44.96%）、老年教育（40.87%）、外来务工人员培训（32.49%）（见图3.12）。

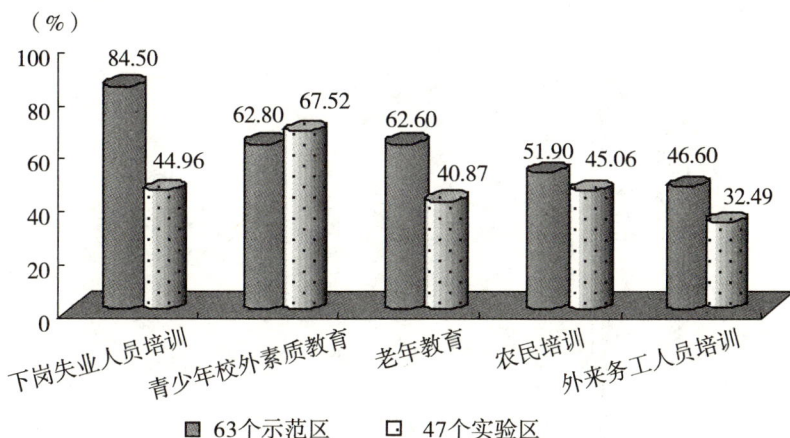

图 3.12　2010 年 110 个国家级社区教育示范区和实验区各类人员培训率比较

【数据来源】杨志坚. 中国社区教育发展报告（1985—2011 年）［M］. 北京：中央广播电视大学出版社，2012.

可见，社区教育示范区和社区教育实验区各有所长，分别承担着以外来务工人员和农民为主的培训任务，分别实现了下岗失业人员（84.50%）、青少年校外素质教育（67.52%）等高培训率的培训效益。

三、扫盲教育成果卓著，文盲人口大幅度下降

（一）10 年间扫除文盲近 1800 万，女性文盲率下降 6.18 个百分点

从 2000 年中国向全世界宣布基本扫除青壮年文盲，到 2010 年全部实现"两基"，我国扫盲教育走过了不平凡的 10 年，文盲人口数大幅度下降，女性文盲率下降明显。2001—2010 年，我国共扫除 1791.18 万文盲，创造了非凡的扫盲奇迹。具体来看，2001—2010 年每年扫除的文盲人数分别为 220.51 万人、174.45 万人、203.14 万人、204.58 万人、169.05 万人、164.61 万人、

95.78 万人、115.02 万人、95.74 万人、90.26 万人（见图 3.13）。

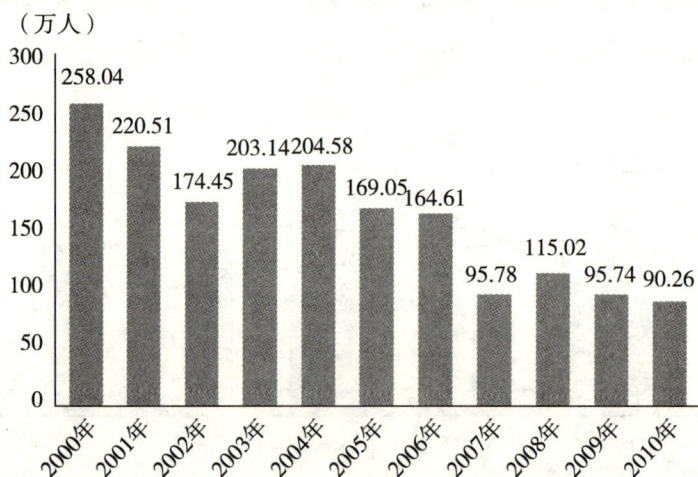

图 3.13　2000—2010 年扫除文盲数

【数据来源】教育部. 全国教育事业发展统计公报（2000—2010）［R］. 2001—2011.

　　2010 年，中国大陆 31 个省、自治区、直辖市和现役军人的人口中，文盲人口（15 岁及以上不识字的人）为 5419.09 万人，同 2000 年第五次全国人口普查相比，文盲人口减少 3280.12 万人，文盲人口占 15 岁及以上人口比例由 9.08% 下降为 4.88%，下降 4.20 个百分点（见图 3.14）。

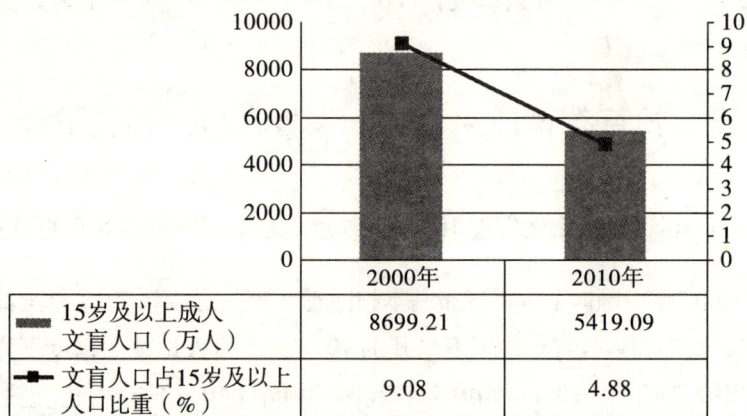

	2000年	2010年
15岁及以上成人文盲人口（万人）	8699.21	5419.09
文盲人口占15岁及以上人口比重（%）	9.08	4.88

图 3.14　2000 年和 2010 年成人文盲人口和文盲率

【数据来源】第五次、第六次全国人口普查数据。

10 年间，男、女文盲人口及文盲率均有所下降，女性文盲下降幅度较大，女性文盲人口从 2000 年的 6320.45 万人减至 2010 年的 4001.19 万人，女性文盲率从 13.47% 减至 7.29%，下降了 6.18 个百分点（见图 3.15）。

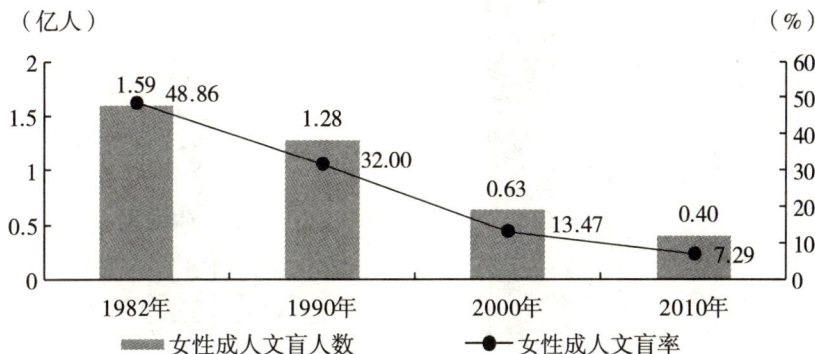

图 3.15　1982—2010 年女性成人文盲人口和文盲率变化

【数据来源】历次全国人口普查数据。

（二）10 个文盲中 7 人是女性，8 成文盲年龄在 50 岁以上

尽管我国扫盲教育成绩卓著，但扫盲任务依然艰巨。2010 年我国 15 岁及以上人口约 11.12 亿人，成人文盲人口为 5419.09 万人，成人文盲率为 4.88%。其中男性文盲为 1417.89 万人，男性文盲率为 2.52%，女性文盲为 4001.19 万人，女性文盲率为 7.29%（见图 3.16、图 3.17）。

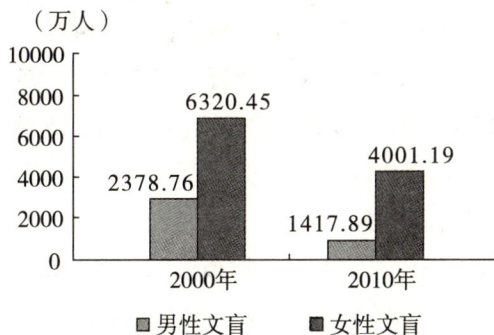

图 3.16　2000 年和 2010 年男、女性成人文盲人口变化情况

【数据来源】第五次、第六次全国人口普查数据，《中国人口与就业统计年鉴》(2001、2011)

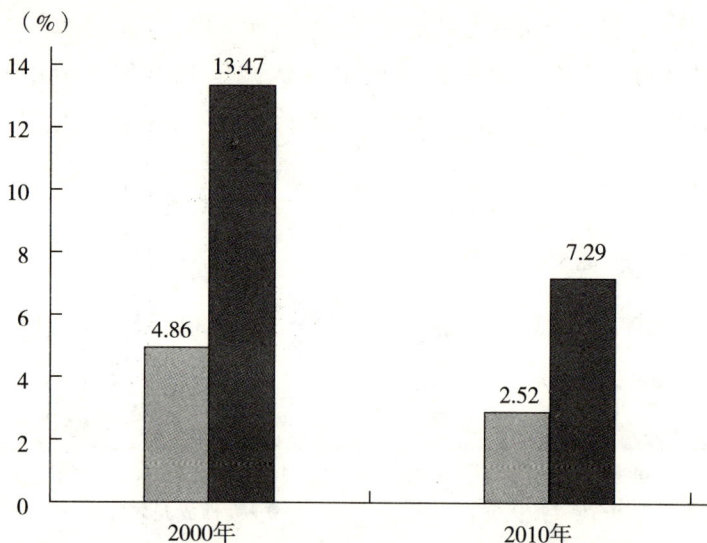

图 3.17　2000 年与 2010 年男、女性成人文盲率比较

【数据来源】第五次、第六次全国人口普查数据。

从文盲性别结构来看，女性文盲所占比例略有升高。2000 年男性文盲占成人文盲总数的 27.34%、女性文盲占成人文盲总数的 72.66%，到 2010 年男性文盲所占比例降为 26.16%，女性文盲所占比例上升为 73.84%，上升了 1.18 个百分点。也就是说，每 10 个文盲中有 7 个为女性。

全国文盲人口中，15—24 岁文盲人口为 81.30 万人，文盲率为 0.36%；25—34 岁文盲人口为 147.33 万人，文盲率为 0.74%；35—44 岁文盲人口为 351.72 万人，文盲率为 1.45%；45—54 岁文盲人口为 561.56 万人，文盲率为 3.05%；55—64 岁文盲人口为 1174.04 万人，文盲率达 8.39%。50 岁及以上文盲人数为 4609.40 万人，占 15 岁及以上成人文盲人口的 85.06%（见图 3.18）。

因此，继续做好妇女文盲、进城务工青壮年文盲、农村地区成人文盲的文化科技扫盲教育工作，特别是民族地区、边境地区和集中连片贫困地区文盲的扫盲工作，提高他们的科技文化知识水平和生活质量，任重道远。

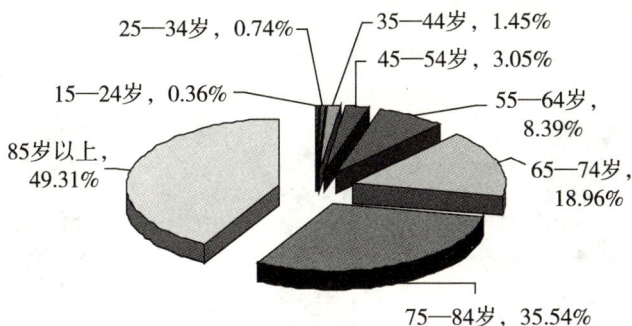

图 3.18　2010 年分年龄组成人文盲率比较

【数据来源】第六次全国人口普查数据。

四、各类成人培训吸引力有所增强，但培训参与率还需提高

近年来，我国非学历继续教育积极应对经济发展方式和产业结构的调整，引领大规模农村劳动力转移，在调整中稳步发展，对提高职工的政治文化素质、专业技术能力，优化农民的实用技能，改善农民工的就业技能和全面素质，发挥了重要作用。

（一）职工培训参与率逐步上升

据《2010 年全国职工教育培训统计（汇总）表及分析报告》显示，2010 年参与调查统计的 27 个省区市约有 5279.1 万职工，参加非学历继续教育的培训人数为 2545.99 万人，培训参与率达到了 48.23%。2008—2010 年期间，职工培训参与率呈稳步上升趋势。2008—2010 年，参加各类职工培训的人数分别为 1804.63 万人、2423.88 万人、2545.99 万人，职工培训参与率 2008 年为 47.96%，2009 年为 47.41%，2010 年增至 48.23%（见图 3.19）。

2010 年女职工参加职工培训人数约 917.16 万人，比 2009 年 880.92 万人增加了 36.23 万人；女职工培训参与率为 44.87%，比 2009 年培训参与率 42.77% 增加了 2.1 个百分点（见图 3.19）。2008—2010 年女职工参加

（%）

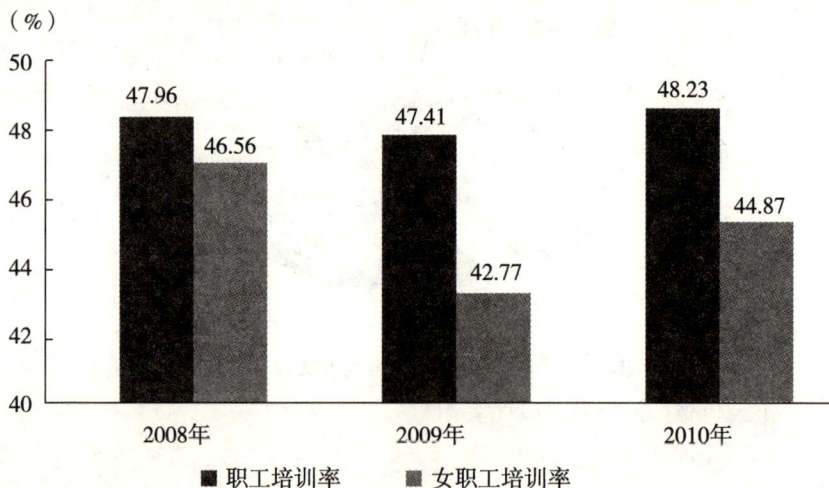

图 3.19　2008—2010 年全国职工培训率与女职工培训率变化情况

【数据来源】教育部. 2010 年全国职工教育培训统计（汇总）表及分析报告［R］. 2011.

培训规模保持平稳上升，但女职工培训参与率略有起伏，且均低于全国职工培训率平均值。

1. 工人参加培训人数最多，规模最大

2010 年，在工人、管理人员和专业技术人员三类人员培训中，工人培训的规模最大。工人培训达 1760.62 万人，占职工培训总人数的 69.15%；累计培训 3217.77 万人次，占职工培训总人次的 66.93%；专业技术人员培训 499.11 万人，占职工培训总人数的 19.60%；管理人员培训 286.27 万人，占职工培训总人数的 11.24%（见图 3.20）。工人参加资格培训的人数为 490.50 万人次，占工人培训总人次的 15.24%，管理人员同比为 13.20%，专业技术人员同比为 13.64%。

2. 专业技术人员培训参与率最高，增长最快

专业技术人员参与培训上升幅度最大，从 2008 年的 341.59 万人增加到 2010 年的 499.11 万人，增长 46.11%；管理人员居中，从 2008 年 198.31 万人增至 2010 年的 286.27 万人，增长 44.36%；工人培训人数 2010 年比 2008 年增长 34.21%。2010 年专业技术人员培训参与率达到了 64.94%，居三类人员培训之首，其次是管理人员 52.11%，在 3817.31 万

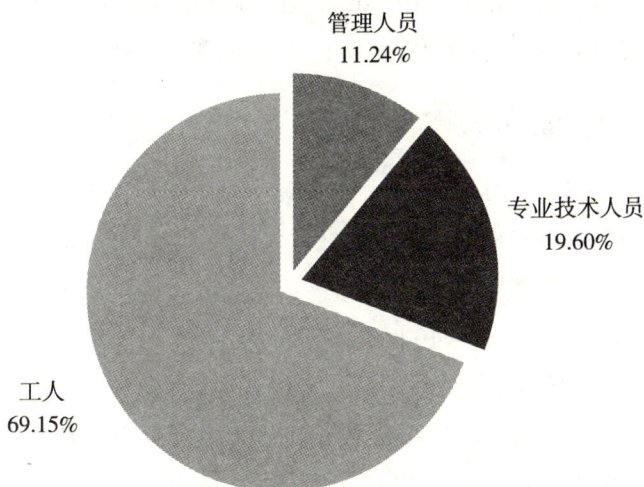

管理人员
11.24%

专业技术人员
19.60%

工人
69.15%

图 3.20　2010 年三类职工接受非学历继续教育的人员结构比

工人中，参加培训的有 1760.62 万人，占 46.12%。在参加培训专业技术人员中，参加技术等级培训的有 152.62 万人次，占 14.79%，工人同比为 13.22%，管理人员同比为 8.16%；参加继续教育为 195.25 万人次，占 18.92%，管理人员同比为 14.43%，工人同比为 7.56%。

3. 管理人员以岗位培训为主，继续教育培训比例偏低

2010 年管理人员有 286.27 万人参加各类培训，主要以岗位培训为主，其中参加适应性培训 176.53 万人次，占各类培训总人次的 31.65%；参加资格培训 73.62 万人次，占 13.20%；参加技术等级培训 45.54 万人次，占 8.16%。岗位培训占各类培训总人次的 53.01%。参加其他培训 181.63 万人次，占 32.56%；参加继续教育 80.52 万人次，占 14.43%。

女性管理人员参加各类培训数量为 96.36 万人，2010 年比 2009 年增长了 3.96%；女性专业技术人员参加各类培训数量为 182.12 万人，2010 年比 2009 年增长了 13.52%；女性工人参加各类培训数量为 638.68 万人，2010 年比 2009 年增长了 1.73%。在三类培训中，女性工人培训所占比例最高，为 69.63%，比 2009 年的 71.27%，下降了 1.36 个百分点；女性专业技术人员培训所占比例为19.86%，比2009年增加1.65个百分点；女性管理人员培训所占比例为10.51%，与2009年基本持平。

（二）农村劳动者培训参与率有所下降

我国有5.8亿农村从业人员，是开展继续教育的庞大群体。教育部门积极推进农村成人教育，组织农村各级各类学校实施教育部"农村实用技术培训计划"，开展农村劳动力转移培训和进城农民工培训，有效提高农村劳动力技能水平，增加农民收入，促进农村劳动力转移就业。

2010年全国教育系统农村实用技术培训人数为3711.71万人，农村实用技术培训率为7.79%。与2006年相比，2010年教育系统农村实用技术培训人数减少808.87万人，农村实用技术培训率下降了1.18个百分点（见图3.21）。这与劳动力大量转移、培训机构的主体成人文化技术学校的基础能力薄弱有一定的关系。

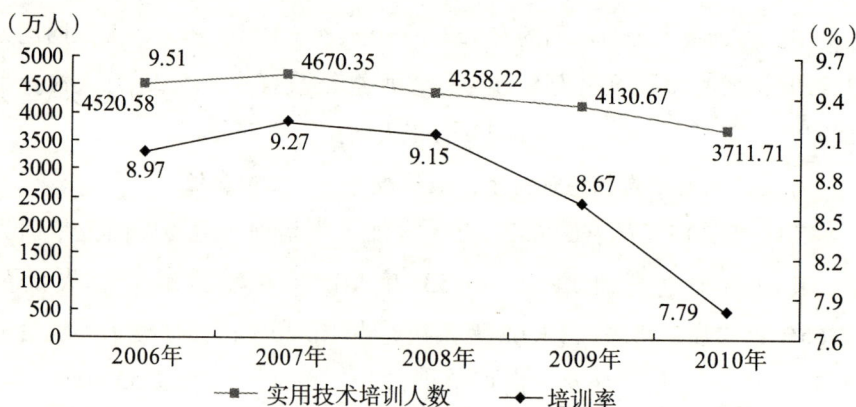

图3.21　2006—2010年全国教育系统农村实用技术培训人数和培训率变化

【数据来源】教育部办公厅关于教育系统农村实用技术培训2009年工作总结及2010年工作计划的通报［EB/OL］. http://www.moe.edu.cn/publicfiles/business/htmlfiles/moe/s4530/201007/91706.html.

2009年参加农村实用技术培训的4130.67万人中，女性有1942.31万人，占47.02%，男性有2188.36万人，占52.98%（见图3.22）。

男性农村劳动者，52.98%

女性农村劳动者，47.02%

图 3.22　2009 年农村实用技术培训性别比例

【资料来源】教育部办公厅关于教育系统农村实用技术培训 2009 年工作总结及 2010 年工作计划通报 [EB/OL].http：//www.moe.edu.cn/publicfiles/business/htmlfiles/moe/s4530/201007/91706.html.

（三）农民工培训持续增长

教育系统组织的劳动力转移培训中，2010 年教育系统共开展农村劳动力转移培训 4087.65 万人。引导性培训 1885.61 万人，占培训总人数的 44.37%；技能性培训 1564.46 万人，占培训总人数的 36.82%；转移后（进城农民工）培训 791.62 万人，占培训总人数的 18.81%。

与 2006 年统计数据比较，2010 年教育系统农村劳动力转移培训总数增加 581.65 万人，增长 163.59%。2010 年培训参与率 8.58%，比 2006 年 6.96% 增加了 1.62 个百分点（见图 3.23）。

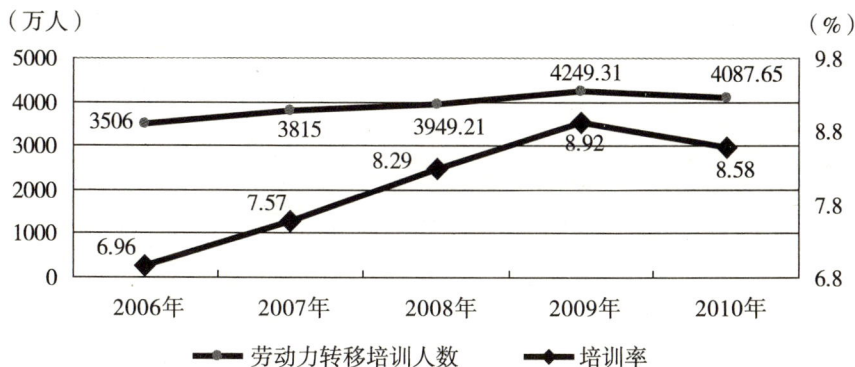

图 3.23　2006—2010 年农村劳动力转移培训人数和培训率变化

从 2004 年开始，全国实施农村劳动力转移培训"阳光工程"，教育部始终积极参与。2010 年，"阳光工程"共培训农村转移劳动力 300 万人，与2009年持平。"阳光工程"实施7年来,共培训农村转移劳动力2180万人,其中2006—2008年均为350万人,2009—2010年均为300万人(见图3.24)。

（万人）

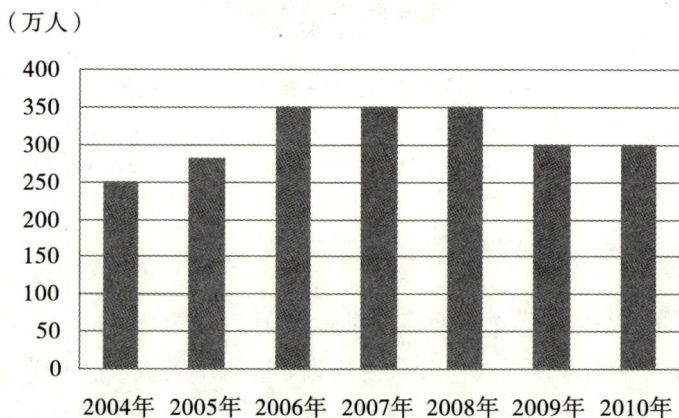

图3.24　2004—2010年"阳光工程"培训人数

【数据来源】"阳光工程"数据。

［第四章］
中国继续教育保障条件

继续教育是我国现代教育体系的重要组成部分，是适应经济、文化和社会发展变化，满足人们多样化社会生活需要，实现人的自我发展和人格完善的广泛的教育途径。建立健全继续教育体制机制，大幅增长教育投入，加强继续教育教师队伍建设，提升继续教育基础能力，是推进继续教育快速发展的重要条件。

一、创新体制机制建设，增强继续教育发展活力

创新管理体制，实行多样化的办学机制，是不断增强继续教育发展活力的前提。

（一）加强体制建设，对继续教育实行分级、分类管理

1. 加强宏观管理是各级政府教育行政管理部门的主要职责

根据 2008 年国务院办公厅《关于印发〈教育部主要职责内设机构和人员编制规定〉的通知》精神，按照我国现行的由中央、省（自治区、直辖市）、地（市）、县（市）、乡（镇）五级政府行政管理层级的划分，继续教育实行由各级政府教育行政部门统筹管理。教育部内设职业教育和成

人教育司，统筹管理全国各级各类成人继续教育，其主要职能是制定继续教育工作的方针政策和法规，协调各有关部门的继续教育办学，制定各类学历规格标准，加强对继续教育和扫除青壮年文盲工作的宏观指导，进行监督检查、奖励评估等。地方各级政府教育行政部门也都成立了相应的管理机构，从各自的实际出发，实事求是地制定规划，确定目标、任务，统筹管理所辖地区的继续教育。

2. 对继续教育实行"分级办学，分级管理"的管理体制

在加强继续教育的宏观管理的同时，将发展继续教育的责任和权力更多地交给地方和基层单位，按照"谁办学，谁受益"的原则，鼓励地方各级政府、企事业单位、民间团休和个人积极举办各种类型和形式的继续教育，对继续教育实行"分级办学，分级管理"的管理体制。

同时，继续教育办学机构也获得更大的办学自主权，在招生规模、培养目标、专业设置、教学大纲、安排课程、组织教学、考核管理、核发文凭等方面享有更多的自主权。办学机构要对自己的教学质量、文凭证书的价值以及学校声誉负责，接受人才市场的评价和社会的检验。

随着继续教育办学主体的社会化和办学行为的市场化，各种继续教育办学机构社会服务需求的专业化、个性化、多样化程度也日益提高。因此，服务于继续教育的各种社会中介组织，在继续教育管理中也发挥了重要作用。

3. 发挥社会各方力量，对继续教育实行分类管理

教育部会同国务院其他有关部门制定指导全国继续教育工作的方针政策和法规，协调国务院其他部委的继续教育工作。国务院其他部委和组织机构负责管理各自职能范围内的继续教育工作。如，中组部负责管理干部教育培训；人社部负责技术工人的培养、各业技术等级和职业技能鉴定工作；农业部和国家林业局负责农业、林业、畜牧业等农村各业技术教育，以及农民生产技术培训；中宣部和国家广播电影电视总局负责相关政策的宣传和开展远程教育工作；国家民委负责少数民族地区的继续教育；各行业、企业单位负责管理本行业、企业的职工教育培训；各级工会也积极参与职工教育的有关管理工作；各民主党派、社会组织、集体经济单位和社会各方人士也为发展继续教育贡献力量。

（二）完善机制保障，促进继续教育健康可持续发展

1. 加强政策立法机制

为了加强对继续教育的宏观指导，全国人大和地方省、市人大不断加强对继续教育的立法职能，加快推进终身学习立法进程。同时，各级政府教育行政部门相继发布了有关继续教育的法规和一系列政策文件，把"构建终身教育体系"，"形成全民学习、终身学习的学习型社会，促进人的全面发展"作为教育发展的总体目标。2010 年 7 月，中共中央、国务院印发的《国家中长期教育改革和发展规划纲要（2010—2020 年）》提出，到2020 年，继续教育发展的战略目标是："构建体系完备的终身教育。学历教育和非学历教育协调发展，职业教育和普通教育相互沟通，职前教育和职后教育有效衔接。继续教育参与率大幅提升，从业人员继续教育年参与率达到 50%。现代国民教育体系更加完善，终身教育体系基本形成，促进全体人民学有所教、学有所成、学有所用。"其主要任务是："加快发展继续教育"，"建立健全继续教育体制机制"，"构建灵活开放的终身教育体系"，"搭建终身学习'立交桥'"。

2. 健全质量保障机制

除国家发布一系列有关继续教育办学条例，规范继续教育办学质量外，各级政府督导部门普遍加强了对继续教育的督导职能，进一步健全教育督导制度，完善监督问责机制和层级监督机制，坚持督政与督学并重、监督与指导并重，加强监察、审计等专门监督，强化社会监督，定期或不定期地对继续教育进行督查、评估和指导。各地继续教育机构全面推进依法行政，大力推进依法治校，主动接受和积极配合各级人大和政府教育督导部门对教育法律法规执行情况的监督检查以及司法机关的司法监督，有效地促进了继续教育教学质量的提高。

3. 建立学习激励机制

为了调动各地办学和群众学习的积极性，各级政府教育行政部门和社会团体普遍建立了继续教育评比奖励制度，对在继续教育发展中做出突出

贡献的先进单位和个人予以表彰奖励，并利用各种媒体广泛宣传他们的先进事迹，推广其先进经验，以期推动并深化各地继续教育发展，调动和强化群众学习的主动性和创造性，为受教育者发挥潜能、提高综合素质，提供尽可能多的条件和机会，帮助群众实现人与自然、人与社会的和谐，实现自身文明发展的目标。

4. 完善社会参与机制

随着我国经济、文化、教育体制改革的不断深化，在加强继续教育宏观管理的同时，将发展继续教育的责任和权力更多地交给地方和基层单位，充分调动地方和企事业单位举办继续教育的积极性，鼓励和支持社会各方面参与继续教育办学、教学和管理，统筹协调各部门、各行业，努力形成继续教育发展的合力，对继续教育发展起到了极大的推动作用。

二、多渠道筹措资金，加强继续教育经费投入

继续教育是面向全社会的教育，需要社会各方面的支持和投入。多渠道筹措继续教育经费，不断增加事业投入，是继续教育发展的必要条件。

继续教育经费来源主要有：

——各级政府财政性教育经费拨款。坚持把继续教育所需经费列入国家社会经济发展财政支出，在国家预算收支科目中增列继续教育科目。地方财政在安排教育经费时，把继续教育所需经费列入预算，并随经济发展和财政收入的增加而增加。

——企事业单位列支。2005 年《国务院关于大力发展职业教育的决定》规定：一般企业按照职工工资总额的 1.5% 足额提取教育经费，从业人员技术要求高、培训任务重、经济效益较好的企事业单位可按 2.5% 提取，并在职工教育经费中列支，国家教育事业费和农村教育费附加中安排一部分。

——地方和集体自筹，国家适当补助。除地方多渠道筹措资金和校办产业及社会服务收入用于继续教育的经费外，各级政府财政还在教育事业

费和农村教育费附加中，按照3%的要求安排一部分，给予扫盲和农村成人教育一定补助，中央财政每年也投入专项经费予以支持和发展。

——捐资助学，社会集资。国家鼓励社会各方面、企事业单位、社会团体及个人捐资助学，通过多种渠道筹集社会资金，发展继续教育。

——个人投资。依靠社会力量和个人出资举办成人教育，引导个人学习所需经费由个人负担的消费需求。

（一）经费收入总量略有减少，部分收入项目和地区则有所增长

1. 2010年教育经费收入总量比上年略有减少

2010年，各级继续教育机构教育经费收入总量为208.03亿元，比2009年的211.29亿元减少3.26亿元，降低了1.54%。其中，独立设置的成人高等学校教育经费为131.21亿元，约占经费总量的63.07%；成人中专学校教育经费为71.82亿元，约占经费总量的34.52%；成人中学教育经费为4.59亿元，约占经费总量的2.21%；成人小学教育经费为0.40亿元，约占经费总量的0.19%。

2006—2010年，各级继续教育机构教育经费收入总量呈整体上升的态势，但增幅逐年下降。2010年，各级继续教育机构教育经费收入总量比2006年的174.31亿元增加了33.72亿元，增长了19.34%（见图4.1）。

2. 2010年各项教育经费收入比上年增减不一

2010年，在各级继续教育机构教育经费收入总量中，国家财政性继续教育经费达到120.45亿元，比2009年（115.57亿元）增加了4.88亿元，增长了4.22%；约占当年继续教育经费总量的57.90%。民办学校中举办者投入为6372.90万元，比2009年（5420.40万元）增加了952.50万元，增长了17.57%；约占当年继续教育经费总量的0.31%。各级继续教育机构接受社会捐赠经费达到5065.3万元，比2009年（2498.9万元）增加了2566.4万元，增长了102.70%；约占当年继续教育经费总量的0.25%。各级继续教育机构事业收入略有减少，其总额为76.54亿元，比2009年（82.36亿元）减少5.82亿元，减少了7.07%；约占当年继续教育经费总量的36.79%。各级继续教育机构的其他收入为9.89亿元，比2009年

图 4.1　2006—2010 年全国各级继续教育机构教育经费收入总量分年度统计

【数据来源】中国教育统计年鉴 2006—2010［M］. 北京：人民教育出版社，2007—2011.

（12.57 亿元）减少了 2.68 亿元，降幅为 21.32%；约占当年继续教育经费总量的 4.75%（见图 4.2）。

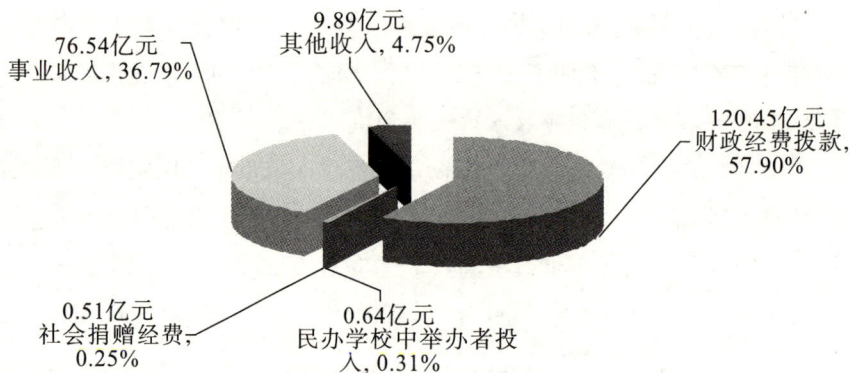

图 4.2　2010 年继续教育机构各项教育经费收入数量及其比例

【数据来源】中国教育统计年鉴 2010［M］. 北京：人民教育出版社，2011.

　　2010 年，在国家财政性教育经费中，各级继续教育机构公共财政预算教育经费为 110.77 亿元，比 2009 年（115.57 亿元）减少 4.80 亿元，降幅为 4.15%；约占当年国家财政性教育经费的 91.96%。各级政府征收用于继续教育的税费为 6.82 亿元，比 2009 年（6.14 亿元）增加了 0.68 亿元，增长了 11.07%；约占当年国家财政性教育经费的 5.66%。在企业办学中，用于继续教育的企业拨款为 1.77 亿元，比 2009 年（2.30 亿元）减少 0.53 亿元，下降了 23.04%；约占当年国家财政性教育经费的 1.47%。可见，各级继续教育机构的国家财政性教育经费是以其公共财政预算教育经费为主，而企业用于继续教育的拨款仅为极少数量。

3. 2010 年部分地区各级继续教育机构经费收入有所增长

2010 年，不同地区各级继续教育机构教育经费收入，除北京、黑龙江、浙江、福建、山东、湖北、广东、广西、四川、贵州、青海、宁夏等 12 省区市比 2009 年有所减少外，其余各省区市均比上年有所增长。其中，教育经费收入增幅最大的省份是安徽省，当年经费增长 1.97 亿元，增幅为 41.39%。其他增幅较大的省份依次为云南、河北、吉林等省，经费增长分别为 1.19 亿元、1.17 亿元和 0.85 亿元，增幅分别为 41.39%、13.76% 和 12.07%。

（二）经费支出总量有所下降，各分项支出亦呈减少趋势

1. 2010 年教育经费支出总量比上年有所减少

2010 年，各级继续教育机构教育经费支出总量为 202.50 亿元，比 2009 年（207.77 亿元）减少 5.27 亿元，降低了 2.54%。在各级继续教育机构中，除成人中专学校经费支出比上年略有增长外，其他各级继续教育机构教育经费支出均有所减少。其中，成人高等学校教育经费支出为 126.17 亿元，约占经费总支出的 62.31%；成人中专学校教育经费支出为 71.42 亿元，约占经费总支出的 35.27%；成人中学教育经费支出为 4.50 亿元，约占经费总支出的 2.22%；成人小学教育经费支出为 0.41 亿元，约占经费总支出的 0.20%（见图 4.3）。

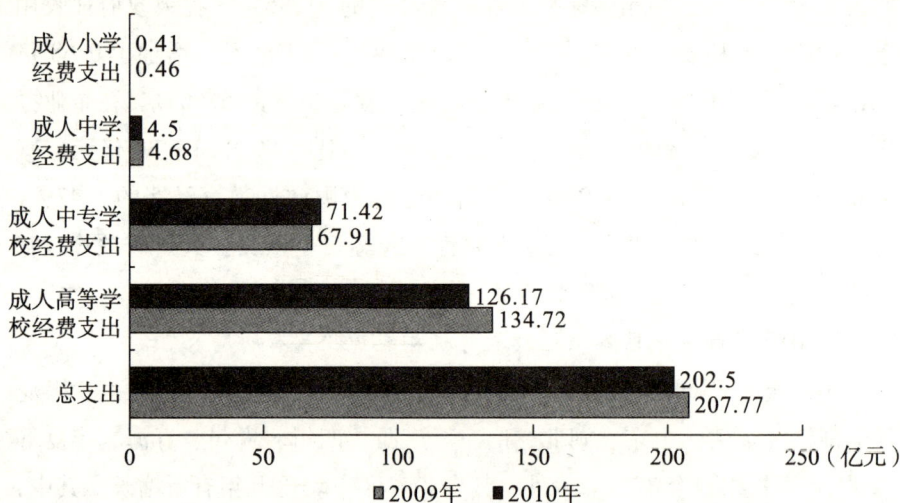

成人小学经费支出 0.41 / 0.46
成人中学经费支出 4.5 / 4.68
成人中专学校经费支出 71.42 / 67.91
成人高等学校经费支出 126.17 / 134.72
总支出 202.5 / 207.77

■2009年 ■2010年

图4.3　2009—2010年全国各级继续教育机构教育经费支出统计

【数据来源】中国教育统计年鉴2009—2010［M］.北京：人民教育出版社，2010—2011.

2. 2010年各项教育经费支出比上年亦呈下降趋势

2010年，继续教育机构事业性经费支出为198.91亿元，比2009年（202.97亿元）减少了4.06亿元，下降了2.00%；约占当年继续教育经费总支出的98.23%。其中，个人部分经费支出为105.73亿元，公用部分经费支出为93.18亿元，分别比2009年（106.86亿元和96.11亿元）减少了1.13亿元和2.93亿元，分别下降了1.06%和3.05%。2010年，继续教育机构基本建设支出为3.58亿元，比2009年（4.80亿元）减少了1.22亿元，下降了25.42%；约占当年继续教育经费总支出的1.77%（见图4.4）。

3. 2010年不同地区成人高校各项教育经费支出有所减少

2010年，不同地区成人高校教育经费支出总额为126.17亿元，其中，事业性经费支出为123.30亿元，基本建设支出为2.87亿元，分别比2009年减少了8.55亿元、7.1亿元、1.45亿元，降幅分别为6.35%、5.44%、33.56%。在事业性经费支出中，2010年个人部分经费支出为60.14亿元，公用部分经费支出为63.16亿元，分别比2009年减少了1.14亿元和5.96

（亿元）

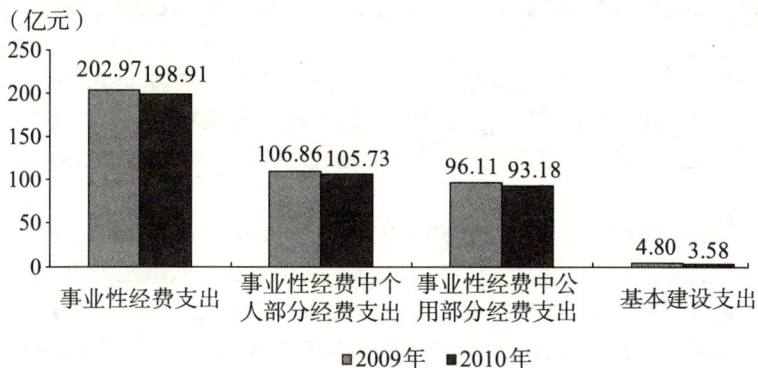

图 4.4　2009—2010 年继续教育机构各项教育经费支出数量统计

【数据来源】中国教育统计年鉴 2009—2010 ［M］. 北京：人民教育出版社，2010—2011.

亿元，降幅分别为 1.86% 和 8.62%。

　　在各地区成人高校教育经费支出中，上海市是支出总额最多的省级市，其次为北京市，其成人高校教育经费支出总额分别为 12.74 亿元和 11.04 亿元，其中，事业性经费支出分别为 12.22 亿元和 11.03 亿元，基本建设支出分别为 0.52 亿元和 0.01 亿元。在事业性经费支出中，个人部分经费支出上海市最高，为 6.60 亿元，而公用部分经费支出则北京市最高，为 6.80 亿元（见图 4.5）。

三、优化教师队伍结构，加强教师队伍建设

　　2010 年，全国各级继续教育机构（不含普通高校举办的成人高等教育，下同）积极采取多种措施，稳定教师数量，优化教师结构，提高教师水平。

（一）教师队伍规模有所萎缩，成人高校专任教师数量降幅最大

1. 各级继续教育机构教职工总量有所减少

2010 年，各级继续教育机构教职工总量为 70.60 万人，比 2009 年（76.31

地区	事业经费个人部分支出	事业经费公用部分支出	基本建设支出
新疆	202616	151618	14260
宁夏			
青海	11783	6667	
甘肃	81791	82317	29620
陕西	195054	239664	21564
西藏			
云南	84758	161984	
贵州	52157	66800	1540
四川	316914	473163	34185
重庆	78891	158176	
海南	13637	14272	
广西	148333	113835	6897
广东	375520	516109	
湖南	116443	171318	3000
湖北	104729	70959	
河南	244513	324670	30000
山东	252574	330515	15900
江西	154678	136647	11313
福建	109388	132674	11963
安徽	199050	138736	39143
浙江	369008	435222	2534
江苏	380528	359797	
上海	660466	561037	52051
黑龙江	247553	179494	6070
吉林	284866	146203	500
辽宁	285085	227243	
内蒙古	61674	48603	
山西	121226	84623	628
河北	251616	225231	5000
天津	186031	78610	
北京	423165	679531	1160

0　　20　　40　　60　　80　　100（%）

■事业经费个人部分支出　■事业经费公用部分支出　□基本建设支出

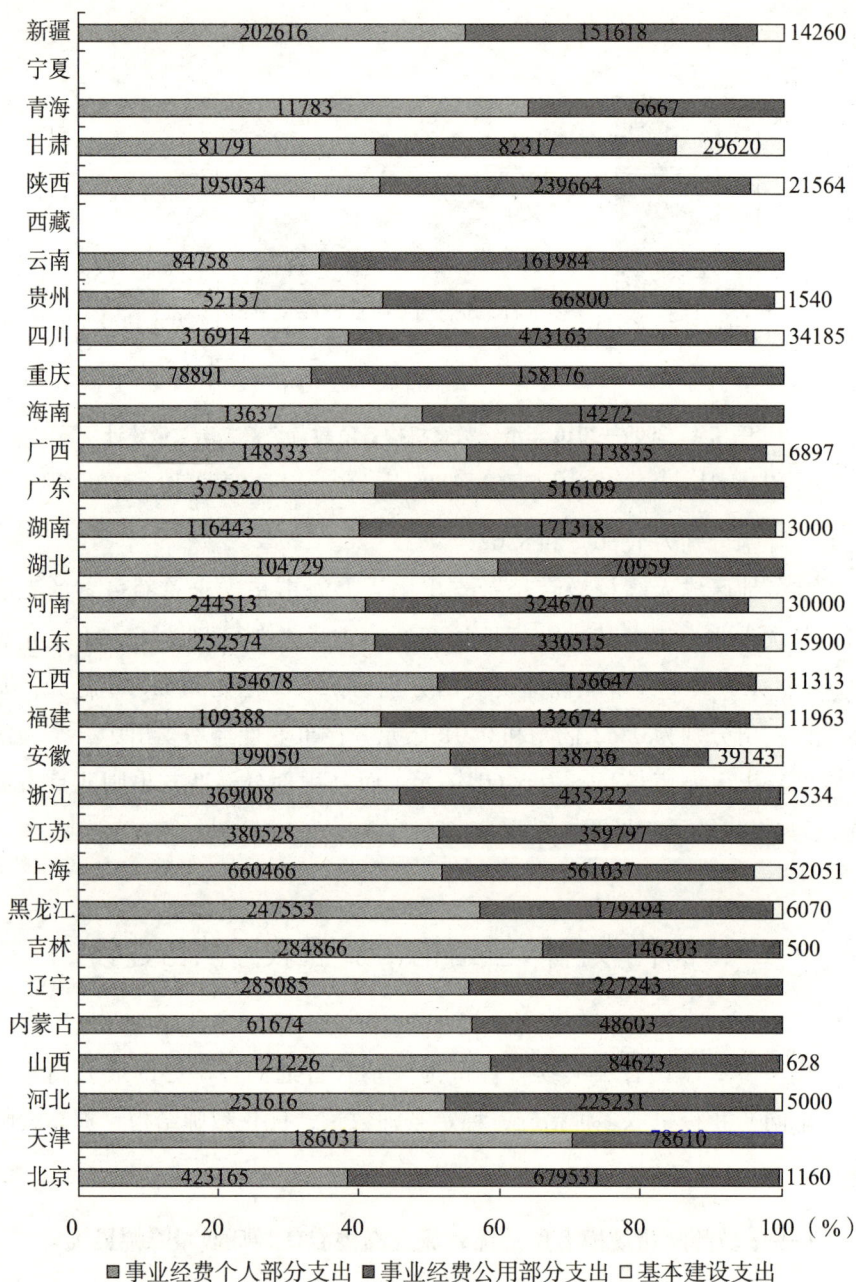

图 4.5　2010 年不同地区成人高校各项教育经费支出统计（千元）

【数据来源】中国教育统计年鉴 2010［M］. 北京：人民教育出版社，2011.

万人）减少了 5.71 万人，降幅为 7.48%。其中，独立设置的成人高校教职工数为 7.71 万人，占教职工总量的 10.92%；成人中专学校教职工数为 8.53 万人，占教职工总量的 12.08%；成人高中学校教职工数为 0.47 万人，占教职工总量的 0.67%；成人初中学校教职工数为 0.73 万人，占教职工总量的 1.03%；成人小学教职工数为 6.58 万人，占教职工总量的 9.32%；各类职业技术培训机构教职工数为 47.31 万人，占教职工总量的 67.01%。与 2009 年相比，上述各级继续教育机构教职工数量分别减少了 0.71 万人、0.88 万人、0.14 万人、0.04 万人、1.70 万人、2.28 万人，降幅分别为 8.42%、9.38%、23.52%、4.74%、20.49%、4.59%（见图 4.6）。

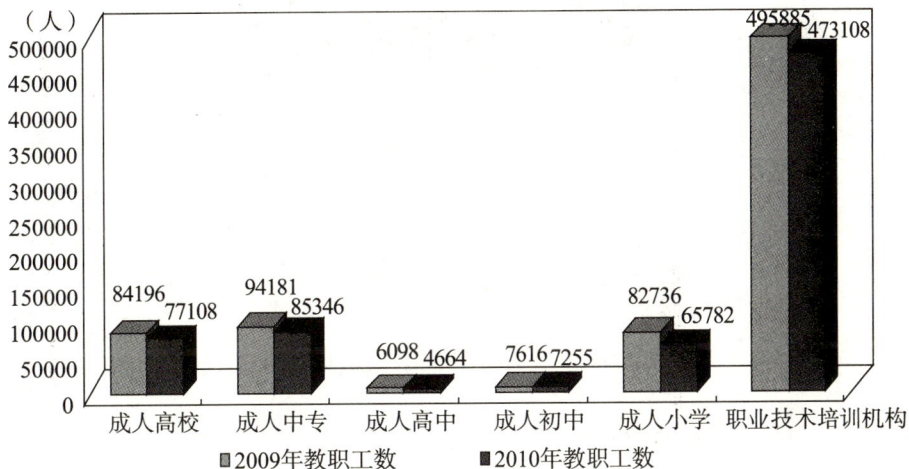

图 4.6　2009—2010 年各级继续教育机构教职工数量统计

【数据来源】中国教育统计年鉴 2009—2010［M］. 北京：人民教育出版社，2010—2011.

2. 专任教师数量普遍减少，成人高校专任教师数量降幅最大

2010 年，各级继续教育机构专任教师总量为 38.18 万人，比 2009 年（44.07 万人）减少了 5.89 万人，降幅为 13.37%。其中，独立设置的成人高校专任教师数为 4.59 万人，占专任教师总量的 12.02%；成人中专学校专任教师数为 5.70 万人，占专任教师总量的 14.93%；成人高中学校专任教师数为 0.35 万人，占专任教师总量的 0.92%；成人初中学校专任教师数为 0.44 万人，占专任教师总量的 1.15%；成人小学专任教师数为 2.87

万人，占专任教师总量的 7.52%；各类职业技术培训机构专任教师数为 24.23 万人，占专任教师总量的 63.46%。与 2009 年相比，除成人初中学校专任教师增加了 129 人外，其余各级成人学校和培训机构分别减少了 3.71 万人、0.56 万人、0.08 万人、0.53 万人、1.01 万人，降幅分别为 44.72%、8.96%、19.02%、15.71%、4.01%（见图 4.7）。

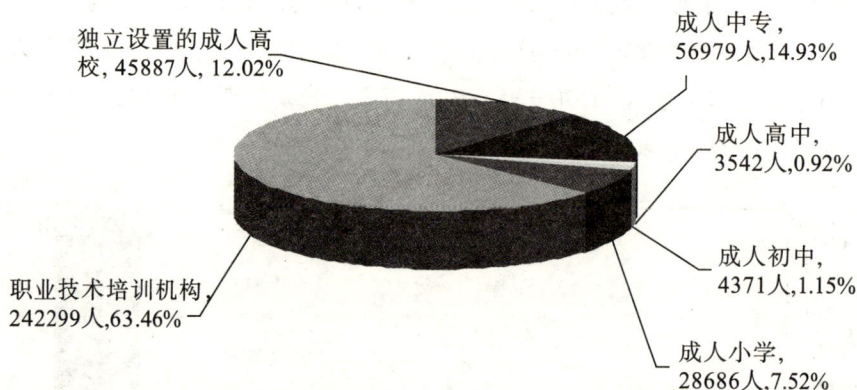

图 4.7　2010 年各级继续教育机构专任教师人数及其比例

【数据来源】中国教育统计年鉴 2010〔M〕. 北京：人民教育出版社，2011.

（二）成人高校和成人中专专任教师队伍结构有所变化，但总体稳定

1. 学历结构相对稳定

2010 年，独立设置的成人高校教师队伍的学历结构与 2009 年相比，基本保持稳定。其中，具有博士学位专任教师和专科及以下学历层次的专任教师人数有所减少，但比例略有提高；具有硕士学位专任教师和本科学历层次的专任教师人数和比例均有所下降（见图 4.8）。

2010 年，成人中等专业学校专任教师队伍的学历结构与 2009 年相比，具有博士学位专任教师和本科、专科及以下学历层次的专任教师人数明显减少，而具有硕士学位专任教师人数和比例均有所上升（见图 4.9）。

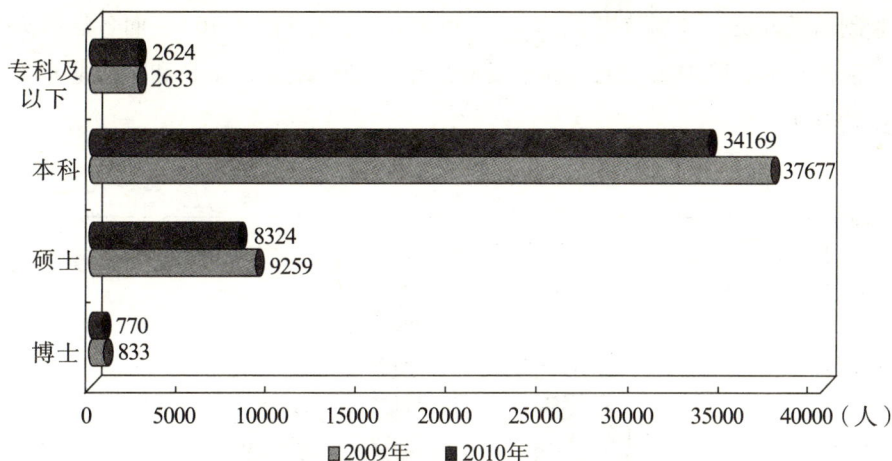

图 4.8 2009—2010 年独立设置的成人高校专任教师学历结构统计

【数据来源】中国教育统计年鉴 2009—2010［M］. 北京：人民教育出版社，2010—2011.

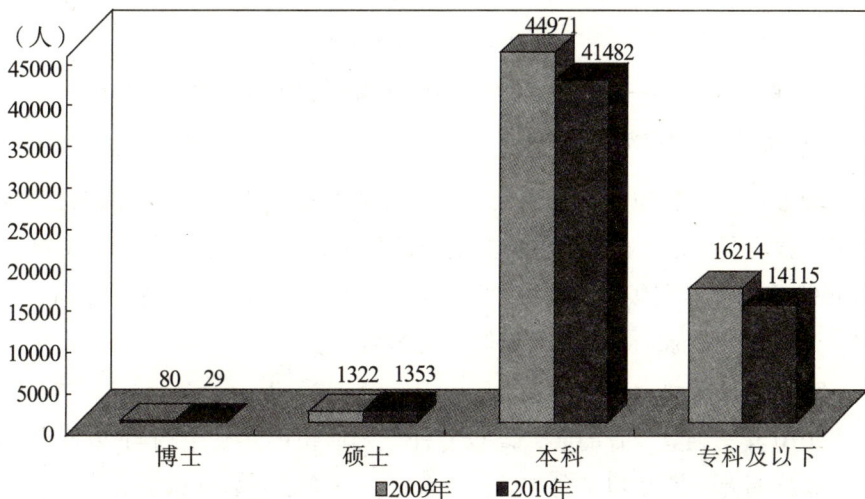

图 4.9 2009—2010 年成人中等专业学校专任教师学历结构统计

【数据来源】中国教育统计年鉴 2009—2010［M］. 北京：人民教育出版社，2010—2011.

2. 职称结构有所变化

2010 年，独立设置的成人高校专任教师队伍的职称结构与 2009 年相比，整体结构比例略有下降。各层级人数均有所减少，减少最多的是中级和副高级人员，分别减少了 1704 人和 1321 人（见图 4.10）；而各层级人数所占比例，除中级和无职称人员有所上升外，正高、副高和初级职称人员均有所下降。

（人）

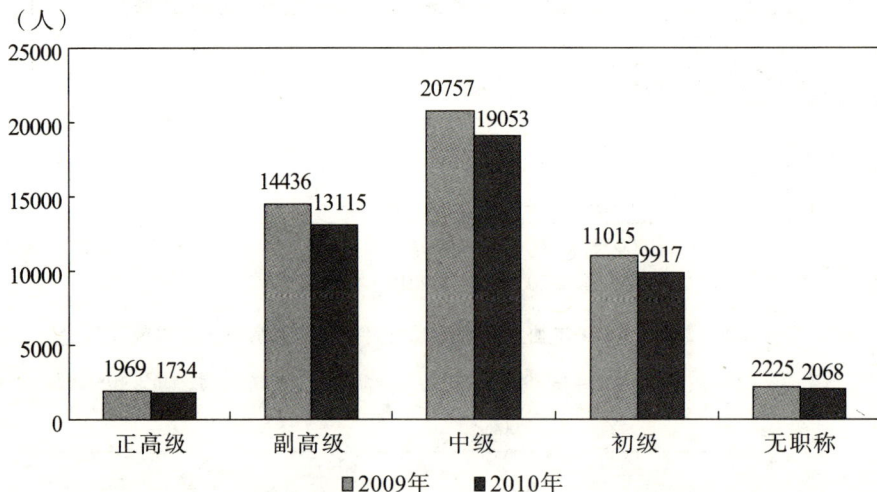

图 4.10　2009—2010 年独立设置的成人高校专任教师职称结构统计

【数据来源】中国教育统计年鉴 2009—2010［M］. 北京：人民教育出版社，2010—2011.

2010 年，成人中等专业学校专任教师的职称结构与 2009 年相比，各层级人数均有所减少，减少最多的是中级和初级人员，分别减少了 2659 人和 1668 人；而各层级人数所占比例，除副高级人员有所上升外，正高、中级、初级和无职称人员均有所下降（见图 4.11）。

3. 年龄结构略趋偏大

2010 年，独立设置的成人高校专任教师队伍的年龄结构与 2009 年相比，略趋偏大。40 岁以下各年龄段人数减少最多，年轻教师补充不足，其比例下降较为明显；而 41 岁以上各年龄段人数相对减少不多，其比例下降不大，人员出现老化迹象（见图 4.12）。

（人）

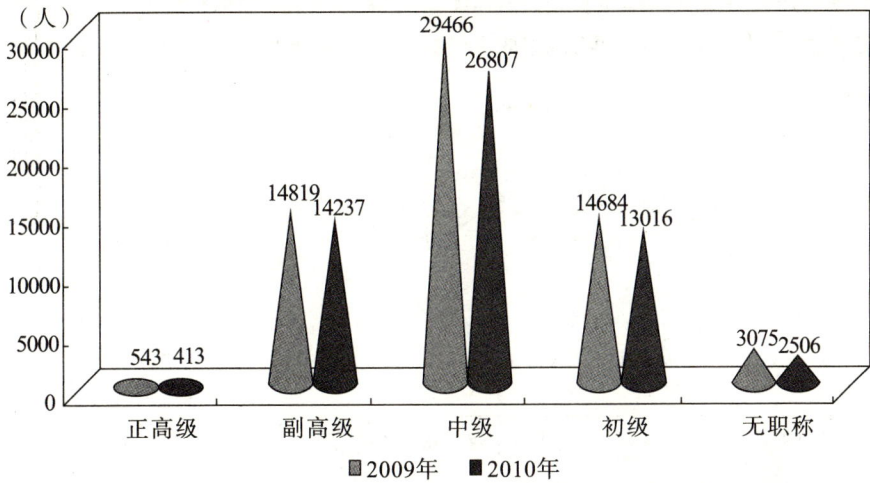

图 4.11　2009—2010 年成人中等专业学校专任教师职称结构统计

【数据来源】中国教育统计年鉴 2009—2010 ［M］. 北京：人民教育出版社，2010—2011.

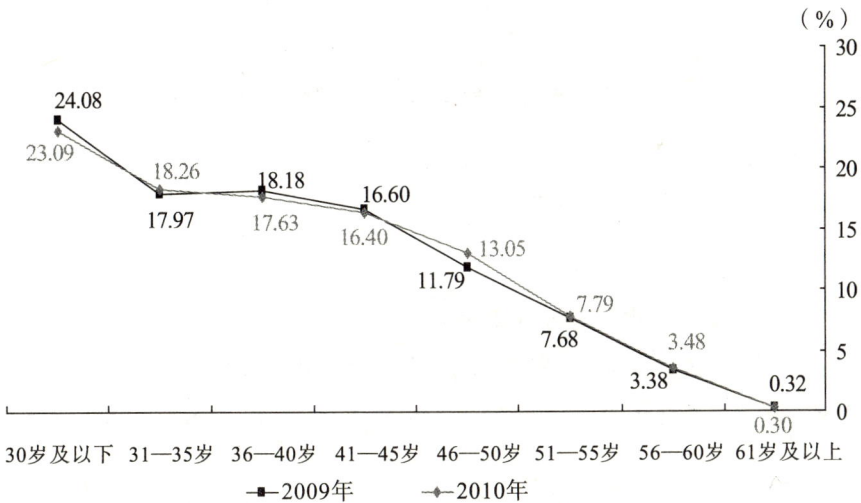

图 4.12　2009—2010 年独立设置的成人高校专任教师年龄结构比例变化情况

【数据来源】中国教育统计年鉴 2009—2010 ［M］. 北京：人民教育出版社，2010—2011.

　　2010 年，成人中等专业学校专任教师的年龄结构与 2009 年相比，整体结构也在逐渐老化。40 岁以下各年龄段人数减少最多，达到 4358 人，下降比例达 2.25%；而 41 岁以上各年龄段人数相对减少不多，其比例下降不大（见图 4.13）。年轻教师补充不足，人员出现老化现象。

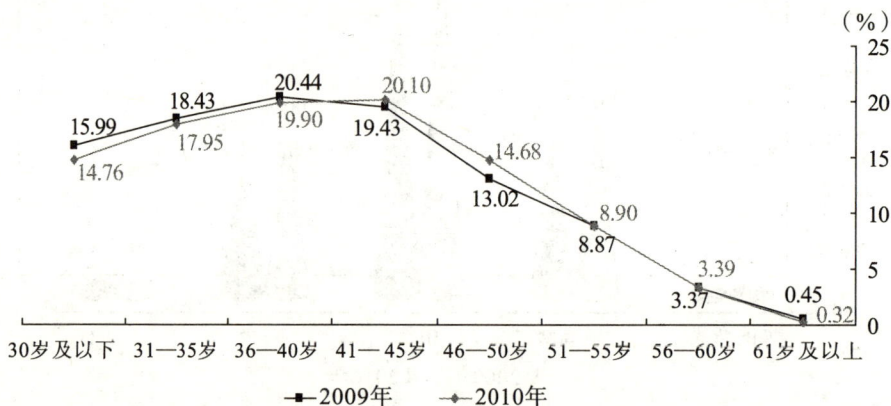

图 4.13　2009—2010 年成人中等专业学校专任教师年龄结构比例变化情况

【数据来源】中国教育统计年鉴 2009—2010［M］. 北京：人民教育出版社，2010—2011.

四、基础设施相对薄弱，办学条件尚待加强①

（一）独立设置的成人高校基础设施持续减少

1. 校舍面积持续减少

（1）学校产权建筑面积持续减少

2010 年，成人高校产权建筑面积为 1877.93 万平方米，与 2009 年（1997.39 万平方米）相比，减少了 119.46 万平方米，下降 5.98%（见图 4.14）。

2006—2010 年，成人高校产权建筑面积持续减少，2008 年降幅最大，为 34.01%，2009 年和 2010 年降幅在逐年减小（见图 4.14）。

---

①　鉴于统计上的原因，本部分所涉及的成人高校各项数据，仅指独立设置的成人高校，不含普通高校举办的成人高校统计数据。

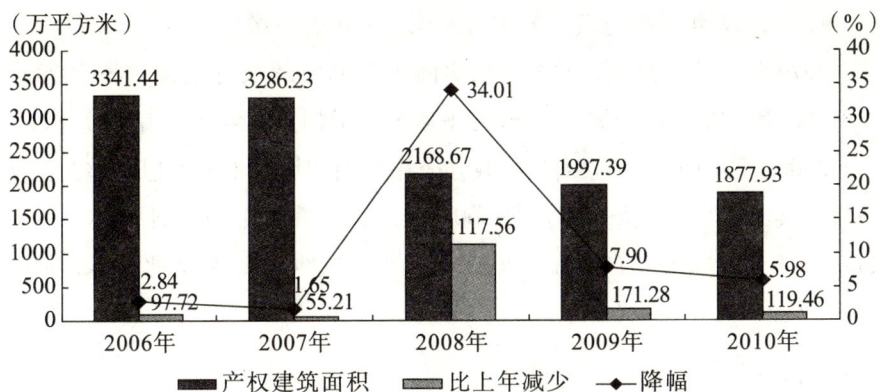

图 4.14 2006—2010 年独立设置的成人高校产权建筑面积统计

【数据来源】中国教育统计年鉴 2006—2010 [M]. 北京：人民教育出版社，2007—2011.

（2）学校教学及辅助用房面积持续减少

2010 年，成人高校教学及辅助用房面积为 829.51 万平方米，比 2009 年（895.58 万平方米）减少了 66.07 万平方米，下降 7.38%。其中，教室面积 448.43 万平方米，图书馆面积 88.48 万平方米，实验室、实习场所面积 208.35 万平方米，体育馆面积 51.45 万平方米，会堂面积 32.79 万平方米，与 2009 年相比，分别减少 28.48 万平方米、12.38 万平方米、17.01 万平方米、6.18 万平方米、2.05 万平方米，分别下降了 5.97%、12.27%、7.55%、10.72%、5.88%（见图 4.15）。

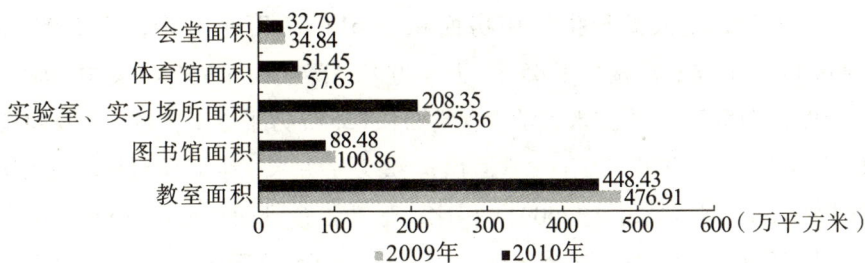

图 4.15 2009—2010 年独立设置的成人高校教学及辅助用房各项面积统计

【数据来源】中国教育统计年鉴 2009—2010 [M]. 北京：人民教育出版社，2010—2011.

2006—2010 年，成人高校产权建筑面积持续减少，其中，2008 年降幅最大，为 34.23%。

（3）2010年学校行政办公用房面积比上年有所增加

2010年，成人高校行政办公用房面积为190.58万平方米，比2009年（189.82万平方米）增加了0.76万平方米，增幅为0.40%（见图4.16）。

2006—2010年，成人高校行政办公用房面积增减不一，但总体为减少趋势。其中，增幅最大的年份是2006年，当年增加2.47万平方米，增幅为0.83%；降幅最大的年份是2008年，当年减少102.04万平方米，降幅为33.73%（见图4.16）。

（万平方米）

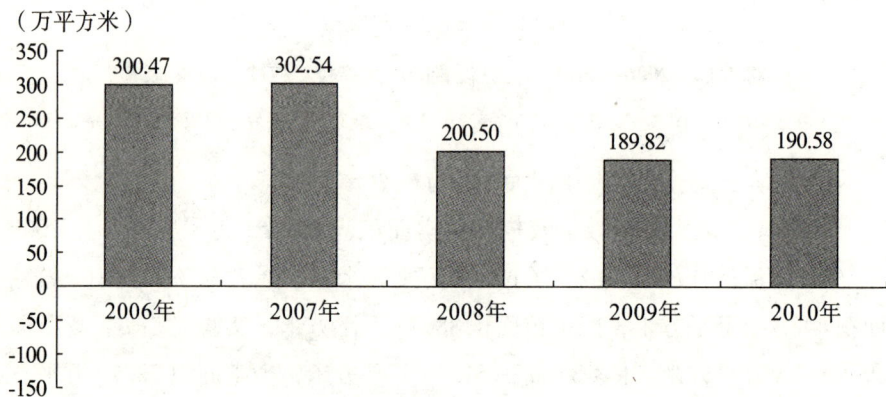

图4.16　2006—2010年独立设置的成人高校行政办公用房面积统计

【数据来源】中国教育统计年鉴2006—2010［M］. 北京：人民教育出版社，2007—2011.

（4）生活用房面积持续减少

2010年，成人高校生活用房面积为614.57万平方米，比2009年（660.55万平方米）减少了45.98万平方米，降幅为6.96%。其中，学生宿舍面积415.31万平方米，学生食堂面积83.45万平方米，教工单身宿舍面积15.03万平方米，教工食堂面积8.42万平方米，生活福利及其他用房面积92.36万平方米。与2009年相比，除教工食堂面积增加0.06万平方米，增幅为0.72%外，其余各项分别减少33.05万平方米、5.72万平方米、3.22万平方米、4.04万平方米，降幅分别为7.37%、6.41%、17.64%、4.19%（见图4.17）。

2006—2010年，成人高校生活用房面积持续减少，其中，减少最多的年份是2008年，当年减少355.48万平方米，降幅为0.83%。

（万平方米）

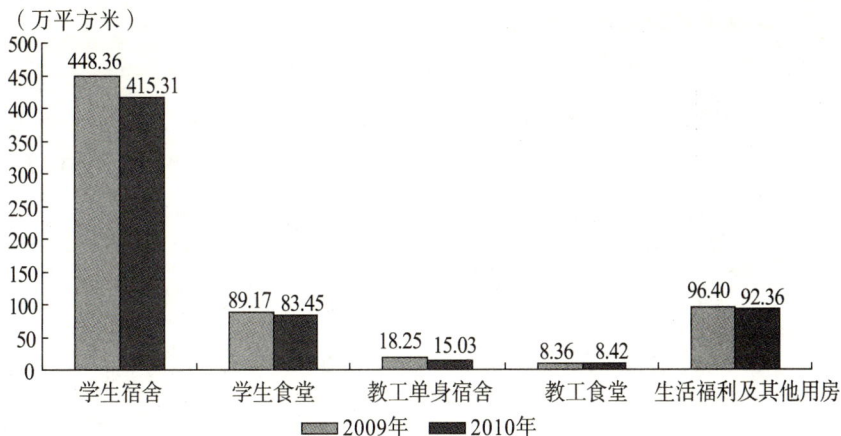

图 4.17　2009—2010 年独立设置的成人高校生活用房各项面积统计

【数据来源】中国教育统计年鉴 2009—2010 ［M］. 北京：人民教育出版社，2010—2011.

（5）学校教工住宅面积持续减少

2010 年，成人高校教工住宅面积为 243.28 万平方米，与 2009 年（251.44 万平方米）相比，减少了 8.16 万平方米，下降 3.25%（见图 4.18）。

2006—2010 年，成人高校教工住宅面积持续减少，其中 2008 年减少最多，减少了 162.57 万平方米，降幅为 34.70%（见图 4.18）。

（万平方米）

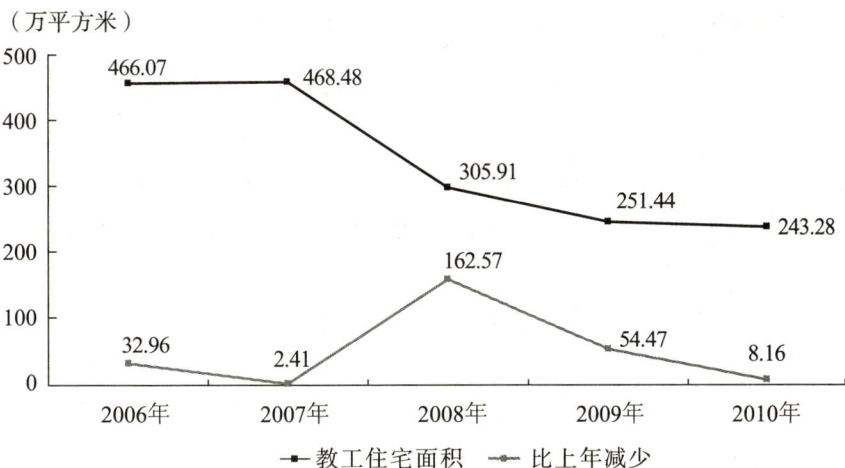

图 4.18　2006—2010 年独立设置的成人高校教工住宅面积统计

【数据来源】中国教育统计年鉴 2006—2010 ［M］. 北京：人民教育出版社，2007—2011.

2. 学校资产逐年减少

（1）近年来成人高校学校占地面积逐年减少

2010 年，成人高校学校占地面积为 3497.33 万平方米，其中，绿化用地面积 870.06 万平方米，运动场地面积 336.04 万平方米。与 2009 年相比，分别减少了 336.51 万平方米、41.24 万平方米、35.53 万平方米，降幅分别为 8.78%、4.53%、9.56%。

2006—2010 年，成人高校学校占地面积逐年减少。除 2006 年比上年略有增加外，其余各年均呈下降趋势，其中 2008 年减少最多，为 2238.93 万平方米，降幅达 34.72%（见图 4.19）。

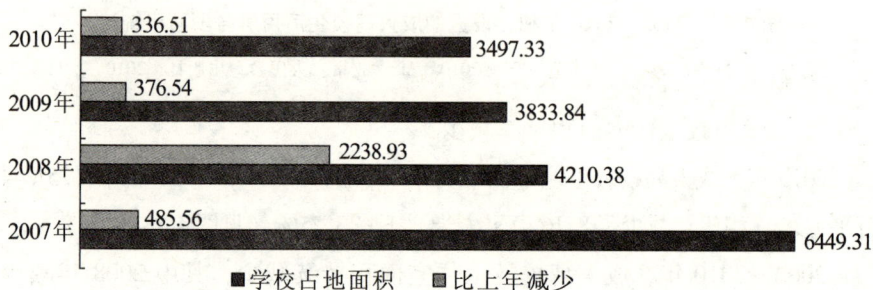

图 4.19　2007—2010 年独立设置的成人高校占地面积统计（万平方米）

【数据来源】中国教育统计年鉴 2007—2010［M］. 北京：人民教育出版社，2008—2011.

（2）近年来成人高校拥有图书、教学用计算机、多媒体教室座位及上网课程数逐年减少

2010 年，成人高校拥有图书 4991.47 万册，教学用计算机 16.62 万台，多媒体教室座位 41.57 万个，上网课程 1.56 万门。与 2009 年相比，分别减少了 525.14 万册、0.96 万台、2.25 万个、0.03 万门，降幅分别达 9.52%、5.46%、5.13%、1.89%（见图 4.20）。

（3）2010 年成人高校教学、科研仪器设备资产值比上年有所减少

2010 年，成人高校教学、科研仪器设备资产值为 45.17 亿元，与 2009 年相比，减少了 1.39 亿元，降幅为 2.99%。

2006—2010 年，成人高校教学、科研仪器设备资产值经过 2006 年和 2007 年连续两年增加后，2008 年以来，已连续三年逐年减少，其中，2008

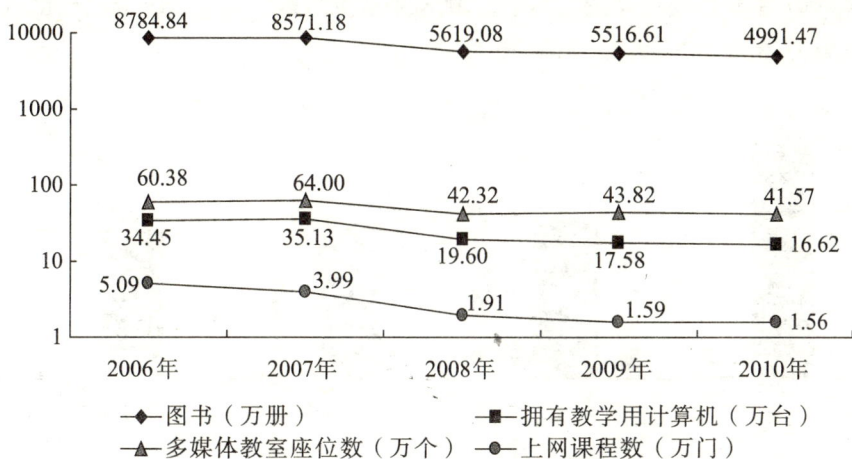

图 4.20 2006—2010 年独立设置的成人高校拥有图书、教学用
计算机、多媒体教室座位及上网课程数量统计

【数据来源】中国教育统计年鉴 2006—2010 [M]. 北京：人民教育出版社，2007—2011.

年减少最多，减少了 23.13 亿元，降幅达 32.32%（见图 4.21）。

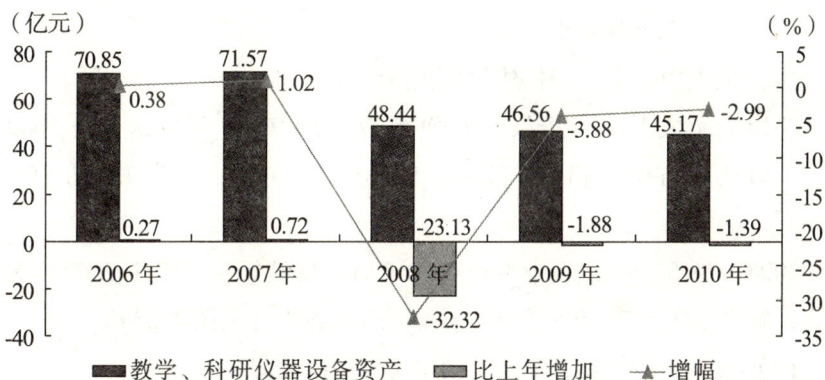

图 4.21 2006—2010 年独立设置的成人高校教学、科研仪器设备资产值统计

【数据来源】中国教育统计年鉴 2006—2010 [M]. 北京：人民教育出版社，2007—2011.

（4）近年来成人高校固定资产值持续减少

2010 年，成人高校固定资产值为 203.17 亿元，比 2009 年减少了 9.16
亿元，降幅为 4.31%（见图 4.22）。

2006—2010 年，成人高校固定资产值除 2006 年比上年有所增加外，自 2007 年开始逐年减少，其中，2008 年减少最多，达到 119.03 亿元，降幅为 35.32%（见图 4.22）。

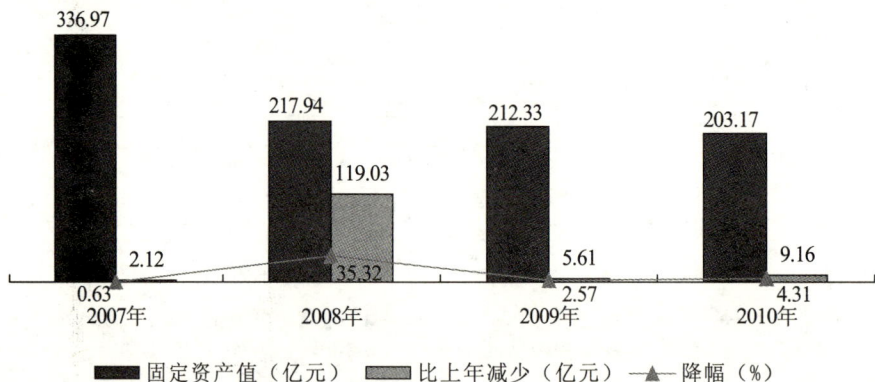

图 4.22　2007—2010 年独立设置的成人高校固定资产值统计

【数据来源】中国教育统计年鉴 2007—2010 ［M］. 北京：人民教育出版社，2008—2011.

（二）成人中专学校基础设施呈逐年减少趋势

1. 校舍面积持续减少

（1）成人中专学校产权建筑面积持续减少

2010 年，成人中专产权建筑面积为 1157.70 万平方米，与 2009 年（1257.51 万平方米）相比，减少了 99.81 万平方米，下降 7.94%（见图 4.23）。

2006—2010 年，成人中专产权建筑面积持续减少，其中 2009 年减少最多，减少了 226.73 万平方米，降幅为 15.28%（见图 4.23）。

（2）成人中专学校教学及辅助用房面积持续减少

2010 年，成人中专学校教学及辅助用房面积为 501.18 万平方米，比 2009 年（513.45 万平方米）减少了 12.27 万平方米，下降 2.39%。其中，教室面积 318.24 万平方米，图书馆面积 289 万平方米，实验室、实习场所面积 117.19 万平方米，体育馆面积 15.71 万平方米，会堂面积 21.15 万平方米。

与 2009 年相比，除实验室、实习场所面积增加了 20.16 万平方米，增

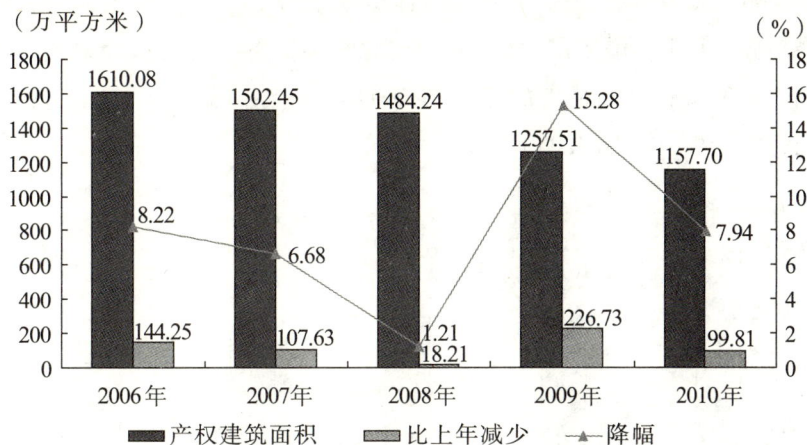

图 4.23　2006—2010 年成人中专产权建筑面积统计

【数据来源】中国教育统计年鉴 2006—2010〔M〕. 北京：人民教育出版社，2007—2011.

幅达 20.78% 外，其余各项分别减少 23.47 万平方米、2.53 万平方米、4.07 万平方米、2.36 万平方米，分别下降了 6.87%、8.05%、20.58%、10.04%（见图 4.24）。

2006—2010 年，成人中专学校教学及辅助用房面积持续减少，其中，2009 年减少最多，减少了 108.57 万平方米，降幅为 17.45%。

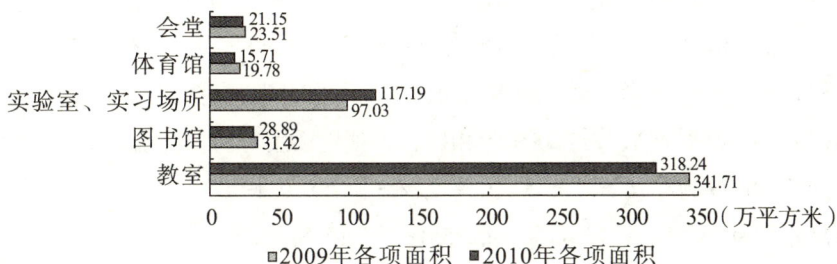

图 4.24　2009—2010 年成人中专学校教学及辅助用房各项面积统计

【数据来源】中国教育统计年鉴 2009—2010〔M〕. 北京：人民教育出版社，2010—2011.

（3）成人中专学校行政办公用房面积总体呈下降趋势

2010 年，成人中专学校行政办公用房面积为 153.24 万平方米，比 2009 年（159.23 万平方米）减少了 5.99 万平方米，降幅为 3.76%。

2006—2010 年，成人中专学校行政办公用房面积波动较大，但总体呈下降趋势。其中，增幅最大的年份是 2008 年，当年增加 6.25 万平方米，增幅为 3.37%；降幅最大的年份是 2009 年，当年减少 14.52 万平方米，降幅为 8.36%（见图 4.25）。

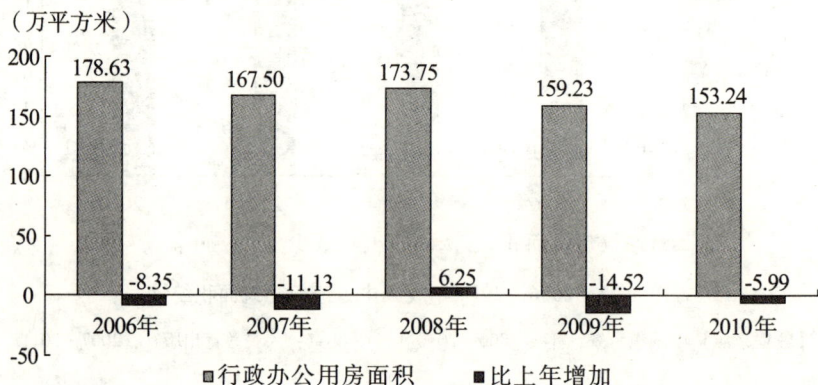

（万平方米）

图 4.25 2006—2010 年成人中专学校行政办公用房面积统计

【数据来源】中国教育统计年鉴 2006—2010 ［M］. 北京：人民教育出版社，2007—2011.

（4）成人中专学校生活用房面积持续减少

2010 年，成人中专学校生活用房面积为 394.50 万平方米，比 2009 年（457.15 万平方米）减少了 62.65 万平方米，降幅为 13.70%。其中，学生宿舍面积 233.93 万平方米，学生食堂面积 55.03 万平方米，教工单身宿舍面积 22.46 万平方米，教工食堂面积 8.61 万平方米，生活福利及其他用房面积 74.47 万平方米。与 2009 年相比，各项生活用房面积分别减少 40.80 万平方米、8.79 万平方米、6.54 万平方米、0.66 万平方米、5.86 万平方米，降幅分别为 14.85%、13.77%、22.55%、7.12%、7.29%（见图 4.26）。

2006—2010 年，成人中专学校生活用房面积持续减少，其中，减少最多的年份是 2009 年，当年减少 67.50 万平方米，降幅为 12.87%。

（5）成人中专学校教工住宅面积持续减少

2010 年，成人中专学校教工住宅面积为 108.78 万平方米，与 2009 年（127.68 万平方米）相比，减少了 18.9 万平方米，下降 14.80%（见图 4.27）。

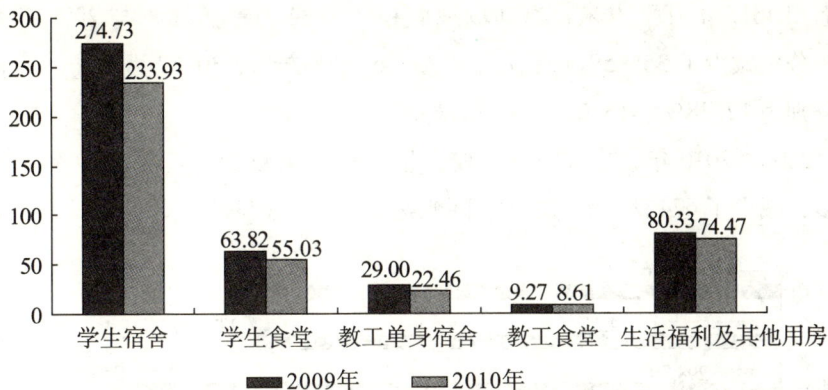

图4.26 2009—2010年成人中专学校生活用房各项面积统计

【数据来源】中国教育统计年鉴2009—2010［M］．北京：人民教育出版社，2010—2011．

2006—2010年，成人中专学校教工住宅面积除2008年有所增长外，总体呈持续减少趋势，其中2009年降幅最大，减少了36.14万平方米，降幅为22.06%（见图4.27）。

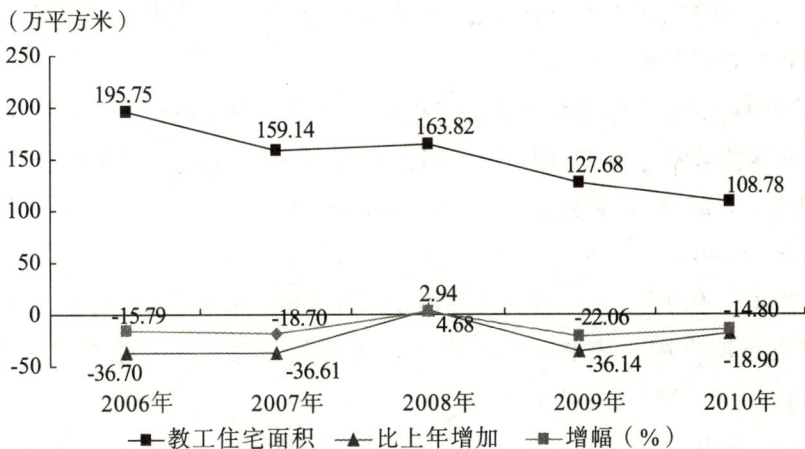

图4.27 2006—2010年成人中专学校教工住宅面积统计

【数据来源】中国教育统计年鉴2006—2010［M］．北京：人民教育出版社，2007—2011．

2. 学校资产逐年减少

（1）成人中专学校占地面积逐年减少

2010年，成人中专学校占地面积为2524.78万平方米，其中，绿化用地面积 461.74 万平方米，运动场地面积 371.34 万平方米。与 2009 年相比，分别减少了 356.59 万平方米、73.16 万平方米、30.62 万平方米，降幅分别为 12.38%、13.68%、7.62%。

2006—2010 年，成人中专学校占地面积逐年减少，其中 2009 年减少最多，减少了 674.21 万平方米，降幅达 18.96%（见图 4.28）。

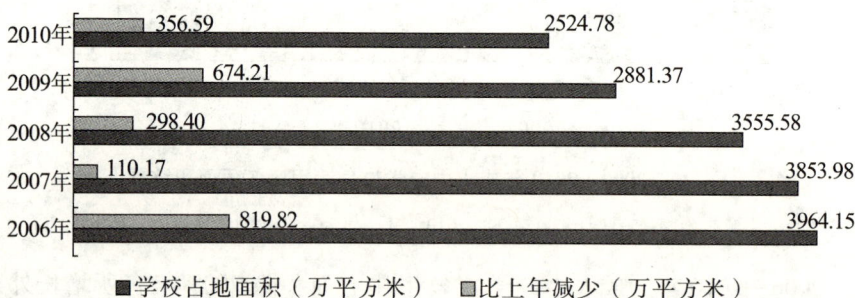

图 4.28 中：

- 2010年：356.59，2524.78
- 2009年：674.21，2881.37
- 2008年：298.40，3555.58
- 2007年：110.17，3853.98
- 2006年：819.82，3964.15

■ 学校占地面积（万平方米）　■ 比上年减少（万平方米）

图 4.28　2006—2010 年成人中专占地面积统计

【数据来源】中国教育统计年鉴 2006—2010 [M]. 北京：人民教育出版社，2007—2011.

（2）近年来成人中专拥有图书、教学用计算机、多媒体教室座位及上网课程数有增有减

2010 年，成人中专拥有图书 2461.13 万册，教学用计算机 15.01 万台，多媒体教室座位 21.84 万个，上网课程 1.04 万门。与 2009 年相比，分别减少了 525.14 万册、0.96 万台、2.25 万个、0.03 万门，降幅分别为 9.52%、5.46%、5.13%、1.89%（见图 4.29）。

2006—2010 年，成人中专拥有教学用计算机、多媒体教室座位及上网课程数有增有减，其中，2008 年上述各项增幅最大，分别为 7.47%、11.56%、36.05%（见图 4.29）。

（3）2010 年成人中专教学、科研仪器设备资产值比上年有所减少

2010 年，成人中专教学、科研仪器设备资产值为 18.62 亿元，与 2009 年相比，减少了 1.83 亿元，降幅为 8.95%（见图 4.30）。

2006—2010 年，成人中专教学、科研仪器设备资产值有增有减，其中，2007 年增加了 1.53 亿元，增幅为 6.46%；2009 年减少最多，比上年减少了 2.96 亿元，降幅为 12.64%（见图 4.30）。

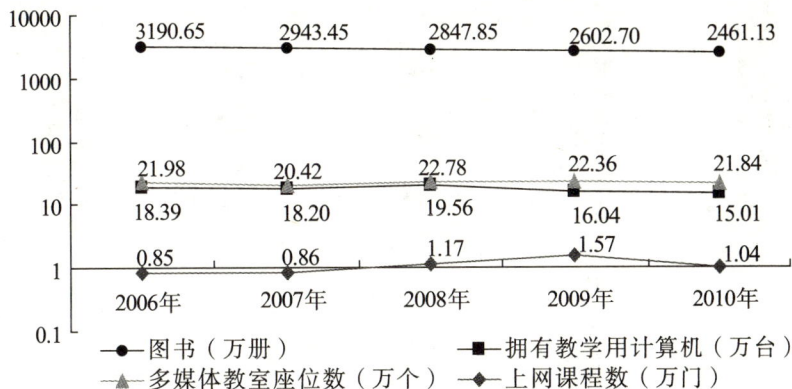

图 4.29　2006—2010 年成人中专拥有图书、教学用计算机、

多媒体教室座位及上网课程数量统计

【数据来源】中国教育统计年鉴 2006—2010〔M〕.北京：人民教育出版社,2007—2011.

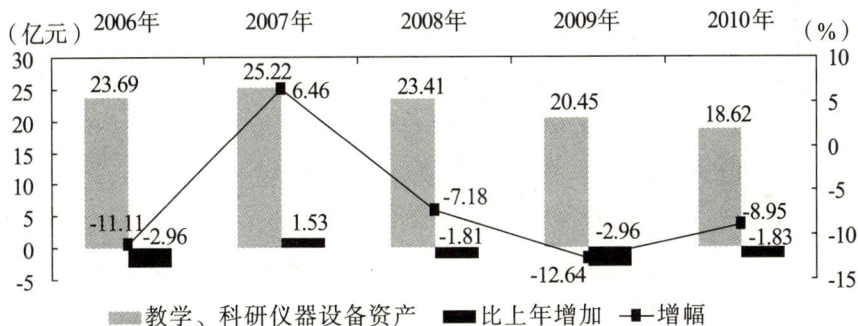

图 4.30　2006—2010 年成人中专教学、科研仪器设备资产值统计

【数据来源】中国教育统计年鉴 2006—2010〔M〕.北京：人民教育出版社,2007—2011.

（4）近年来成人中专学校固定资产值持续减少

2010 年，成人中专学校固定资产值为 107.88 亿元，比 2009 年减少了 13.53 亿元，降幅为 11.14%（见图 4.31）。

2006—2010 年，成人高校固定资产值除 2006 年比上年有较大幅度的增长外，自 2007 年开始逐年减少，其中，2007 年减少最多，比 2006 年减少了 18.92 亿元，降幅为 12.31%（见图 4.31）。

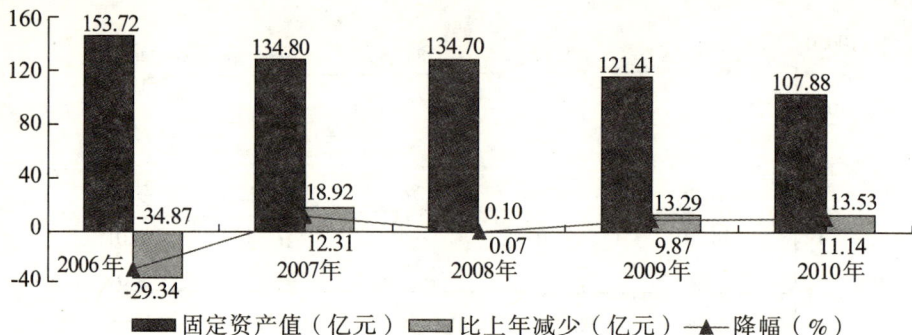

图4.31 2006—2010年成人中专学校固定资产值统计

【数据来源】中国教育统计年鉴2006—2010［M］. 北京：人民教育出版社，2007—2011.

（三）职业技术培训机构资产项目增减不一

1. 职工技术培训学校（机构）资产有增有减

2010年，职工技术培训学校（机构）占地面积为1337.96万平方米，教学行政用房建筑面积为472.62万平方米，图书藏量1260.82万册，教学用计算机9.08万台，多媒体教室座位数11.62万个，固定资产总值69.36亿元，其中教学、实习仪器设备资产值15.52亿元（见图4.32）。

与2009年相比，除多媒体教室座位数增加了0.97万个，增幅为9.11%外，其余各项资产均有不同程度的减少，分别为：学校（机构）占地面积减少了203.3万平方米，教学行政用房建筑面积减少了82.85万平方米，图书藏量减少了168.07万册，教学用计算机减少了1.34万台，固定资产总值减少了50.18亿元（其中教学、实习仪器设备资产值减少了1.18亿元），降幅分别为13.19%、14.92%、11.76%、12.86%、41.98%、0.42%（见图4.32）。

2. 农村成人文化技术培训学校（机构）资产呈萎缩状态

2010年，农村成人文化技术培训学校（机构）占地面积为8928.38万平方米，教学行政用房建筑面积为2608.73万平方米，图书藏量4317.51万册，教学用计算机20.12万台，多媒体教室座位数38.51万个，固定资产总值108.95亿元（其中教学、实习仪器设备资产值18.33亿元）（见图4.33）。

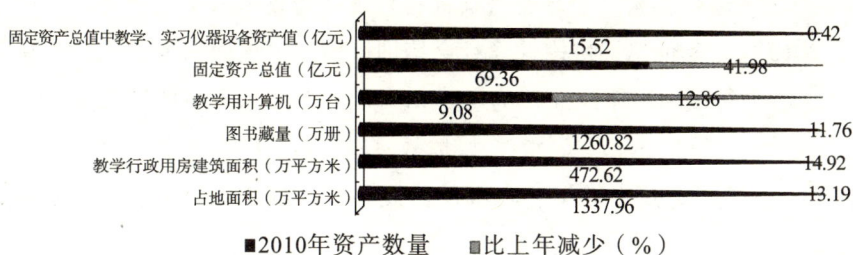

图 4.32　2010 年职工技术培训学校（机构）各项资产数量统计

【数据来源】中国教育统计年鉴 2010 ［M］. 北京：人民教育出版社，2011.

与 2009 年相比，教学行政用房建筑面积增加了 4.87 万平方米，增幅为 0.19%，多媒体教室座位数增加了 1.16 万个，增幅为 3.11%。此外，其余各项资产均有不同程度的减少，分别为：学校（机构）占地面积减少了 203.75 万平方米，图书藏量减少了 126.78 万册，教学用计算机减少了 1.93 万台，固定资产总值减少了 54.51 亿元（其中教学、实习仪器设备资产值减少了 6.97 亿元），降幅分别为 2.23%、2.85%、8.75%、33.35%、27.55%（见图 4.33）。

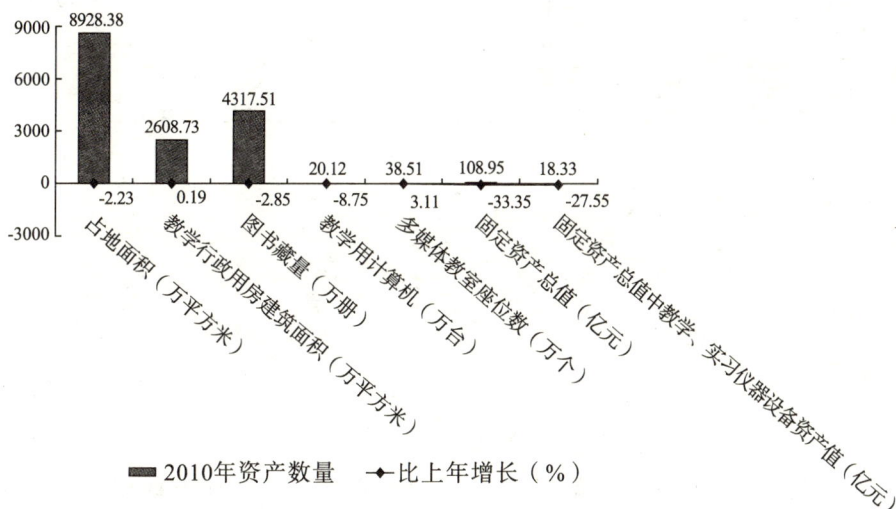

图 4.33　2010 年农村成人文化技术培训学校（机构）各项资产数量统计

【数据来源】中国教育统计年鉴 2010 ［M］. 北京：人民教育出版社，2011.

3. 其他培训机构（含社会培训机构）资产增减不一

2010 年，其他培训机构（含社会培训机构）占地面积为 2796.47 万平方米，教学行政用房建筑面积为 1401.77 万平方米，图书藏量 5540.72 万册，教学用计算机 37.7 万台，多媒体教室座位数 50.75 万个，固定资产总值 254.44 亿元（其中教学、实习仪器设备资产值 136.45 亿元）（见图 4.34）。

与 2009 年相比，图书藏量增加了 224.15 万册，增幅为 4.22%；多媒体教室座位数增加了 0.24 万个，增幅为 0.48%。此外，其余各项资产均有不同程度的减少，分别为：学校（机构）占地面积减少了 64.74 万平方米，教学行政用房建筑面积减少了 16.33 万平方米，教学用计算机减少了 2.5 万台，固定资产总值减少了 180.13 亿元（其中教学、实习仪器设备资产值减少了 63.48 亿元），降幅分别为 2.26%、1.15%、6.22%、41.45%、31.75%（见图 4.34）。

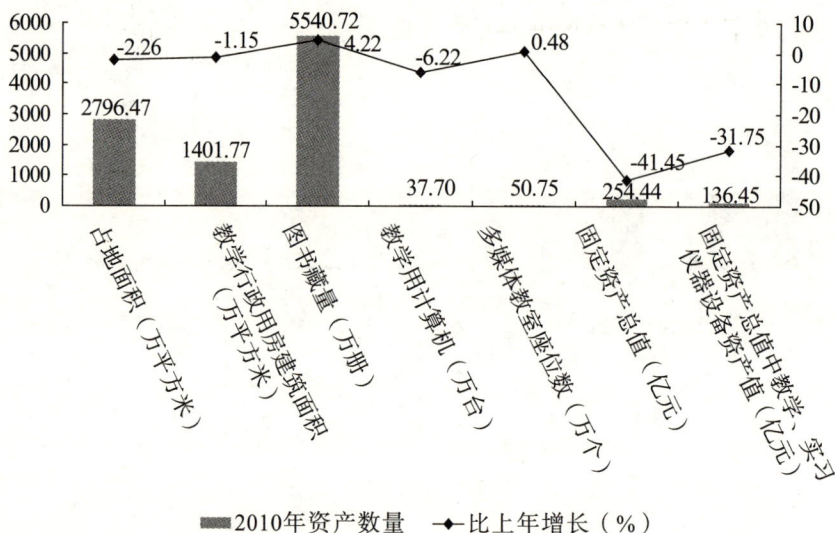

图 4.34　2010 年其他培训机构（含社会培训机构）各项资产数量统计

【数据来源】中国教育统计年鉴 2010 ［M］. 北京：人民教育出版社，2011.

五、丰富社会文化资源，为社会成员提供继续学习平台

继续教育是面向全社会的教育，要极大地提高劳动者素质，不仅需要有较为完善的学校教育资源做保障，而且需要有广泛而丰富的社会文化生活资源作为其教育与学习的基础。进一步加强社会文化资源建设，是推进继续教育发展的重要方面。

（一）各类群众文化场馆建设有了新的发展

2010 年，全国各类群众文化场馆建设有了新的发展，包括剧场、影剧院、音乐厅等在内的各种艺术表演场馆共有 2112 个，演出场次达 81.12 万场次；艺术馆、文化馆（站）约 4.34 万个；公共图书馆 2884 个，图书总藏量达 6.17 亿册，总流通人次约 32.82 亿人次；博物馆 2435 个，参观人次达 4.07 亿人次；体育场馆 741 个（见图 4.35）。

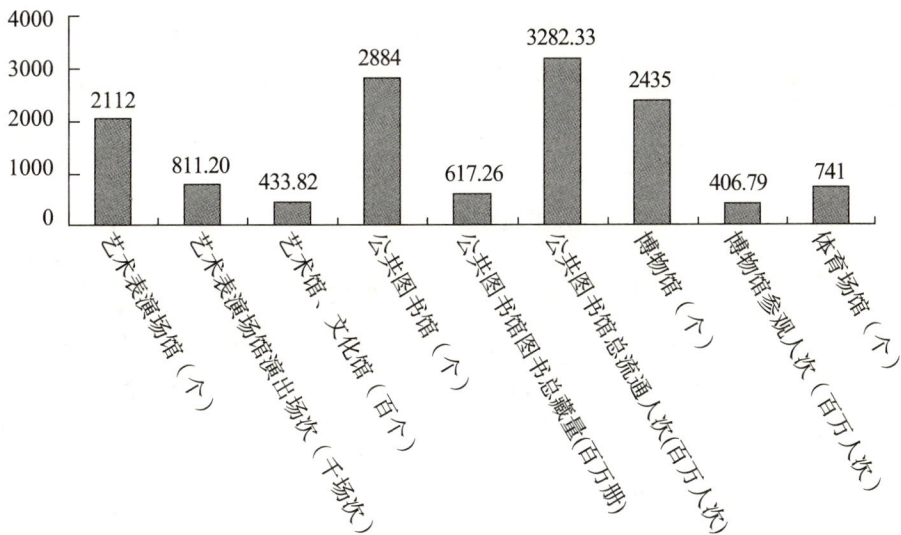

图 4.35 2010 年各类群众文化场馆建设情况统计

【数据来源】中华人民共和国国家统计局. 中国统计年鉴 2011 [M]. 北京：中国统计出版社，2011.

（二）图书、期刊、报纸和音像制品不断丰富

2010 年，全国共发行 32.84 万种图书，总印数达 71.70 亿册（张）；发行期刊近万种，期刊总印数达 32.20 亿册；发行报纸近两千种，报纸总印数达 452.1 亿份；发行录音制品 2.39 亿盒（张）、录像制品 2.57 亿盒（张）（见图 4.36）。

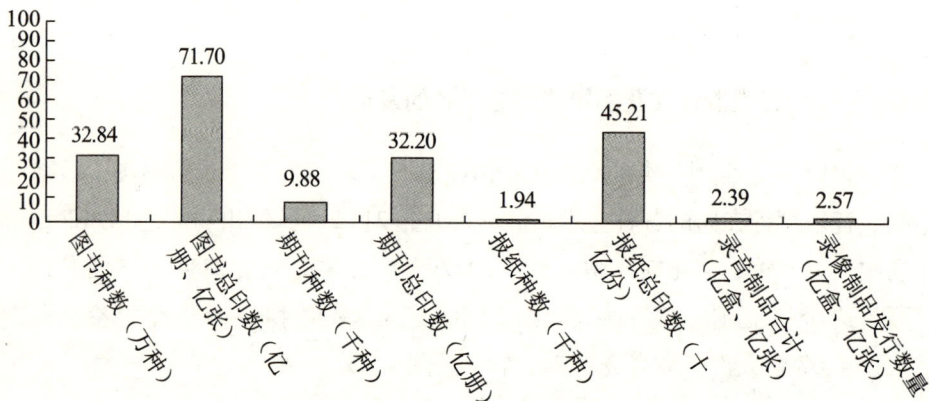

图 4.36 2010 年图书、期刊、报纸和音像制品出版情况统计

【数据来源】中华人民共和国国家统计局. 中国统计年鉴 2011 ［M］. 北京：中国统计出版社，2011.

（三）广播、电视和网络建设逐渐普及

2010 年，全国广播节目综合人口覆盖率达到 96.78%，电视节目综合人口覆盖率达到 97.62%，有线广播电视入户率达 41.63%，电话普及率（包括移动电话）达 86.41 部/百人，每千人拥有公用电话数为 19.45 部，互联网普及率为 34.30%，互联网上网人数达 4.57 亿人（见图 4.37）。

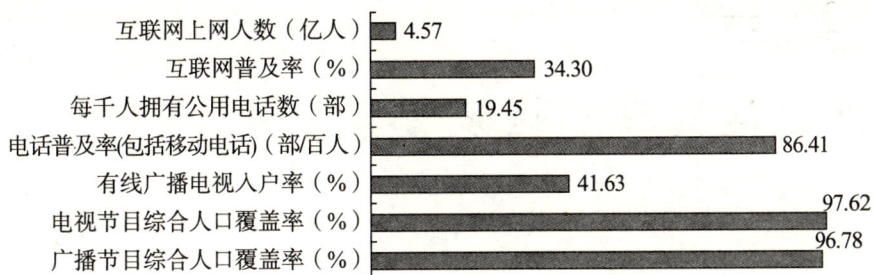

图 4.37　2010 年广播、电视和网络建设情况统计

【数据来源】中华人民共和国国家统计局. 中国统计年鉴 2011 [M]. 北京：中国统计出版社，2011.

［第五章］

中国继续教育区域发展水平

我国地域辽阔，由于历史、社会、地理自然环境等诸多因素，各地在生产力发展速度和水平上存在不平衡，决定了继续教育在规模、层次、结构、内容和形式上有明显差异。对我国继续教育区域发展进行差异分析，有利于发挥优势，准确定位，形成继续教育发展科学的空间布局，促进区域继续教育协调发展。

一、31 个省区市继续教育发展水平比较

人力资源是经济社会发展的第一资源，人才竞争已经成为国家与地区竞争的焦点。继续教育在促进区域经济社会发展中发挥"助推器"的作用，同时，为满足人民群众多样化学习需求，提供多渠道接受中、高等学历教育和各类培训的机会，加快发展继续教育是提高劳动者素质、持续开发人力资源的有效途径。

（一）人力资源水平整体提升，但省际差异较大

各地区人力资源存量一方面反映学校教育积累的成果和贡献力，另一方面也表明继续教育的基础和发展空间。人力资源存量通常将学历水

平视为人力资本存量的替代指标，它代表人口及劳动力的知识和技能水平。近年来，我国成人学历水平的巨大变化凸显在学历分布的两端，一端是成人识字率，一端是接受高等教育比例。成人识字率反映人口接受教育的普及程度。人均受教育年限是反映人口总体受教育水平的综合指标之一，反映人口受教育总量的增加程度。劳动人口人均受教育年限，是反映劳动力素质的重要变量之一。衡量各省区市人力资源存量水平主要用成人识字率、15 岁及以上年龄人口平均受教育年限和劳动人口平均受教育年限来表征。

1. 西部地区文盲人口持续减少，但成人识字率东高西低

2010 年全国 15 岁及以上人口约为 11.12 亿人，15 岁及以上文盲人口为 5419.09 万人，成人文盲率为 4.88%（成人识字率为 95.12%）。与 2000 年第五次全国人口普查时相比，10 年间文盲人口减少了 3280.12 万人，成人文盲率由 9.08% 减至 4.88%，下降了 4.2 个百分点。

全国 31 个省区市成人文盲人口持续减少，成人识字率不断提高。与 2000 年相比，文盲人口数量减少最多的是山东，为 6647.18 万，其次是河南，为 6362.02 万，第三位是广东，为 6258.62 万。2010 年成人文盲依然主要集中在一些人口大省，其中成人文盲人口最多的是安徽，为 484.38 万，山东为 475.73 万，四川为 437.64 万。

2010 年全国 15 岁及以上成人文盲率为 4.88%。在 31 个省区市中，成人文盲率分布极不均衡，西藏最高，为 32.20%，北京最低，仅为 1.86%，相差 30.34 个百分点；青海为 12.94%，与北京也相差 11.08 个百分点。全国有 14 个省区市成人文盲率超过全国平均值，有 17 个省区市低于全国平均值（见图 5.1）。

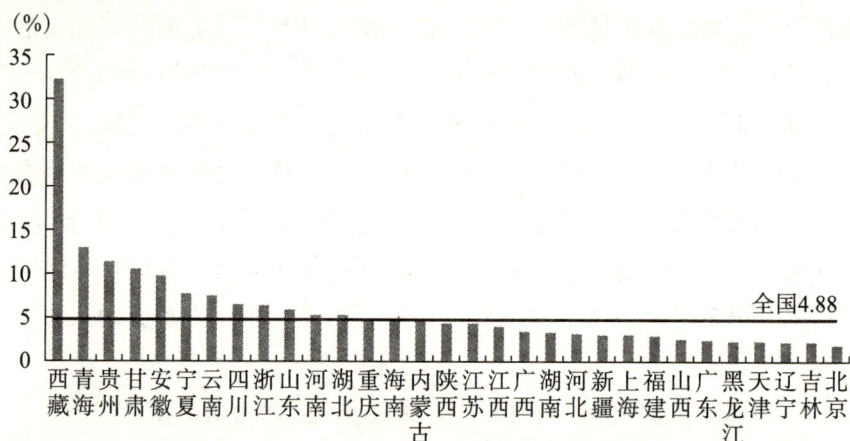

图 5.1　2010 年全国 31 个省区市 15 岁及以上人口成人文盲率分布

【数据来源】中国 2010 年人口普查资料［M］. 北京：中国统计出版社，2012.

表 5.1　2010 年 31 个省区市成人文盲率区间分布

成人文盲率（%）	省份个数	省份名称	全国成人文盲率 为 4.88%	
13.00 以上	1	西藏	全国平均值以上 14 个	
8.01—13.00	4	青海、贵州、甘肃、安徽		
6.01—8.00	4	宁夏、云南、四川、浙江		
4.89—6.00	5	山东、河南、湖北、重庆、海南		
3.01—4.88	8	内蒙古、陕西、江苏、江西、广西、湖南、河北、新疆	全国平均值以下 17 个	
3.00 及以下	9	上海、福建、山西、广东、黑龙江、天津、辽宁、吉林、北京		

【数据来源】中国 2010 年人口普查资料［M］. 北京：中国统计出版社，2012.

经过长期艰苦努力，2010 年我国全面实现普及九年义务教育和扫除青壮年文盲的"两基"目标，西部地区成人识字率增长幅度明显。与 2000 年"五普"比较，西藏成人识字率从 52.75% 增加到 67.71%，增长 15 个百分点；青海成人识字率由 74.56% 增加到 87.06%，增长 12.5 个百分点（见表 5.2）。

表 5.2　2000 年"五普"和 2010 年"六普"西部 7 个省区成人识字率变化

省　份	2000 年"五普"文盲率/成人识字率（%）		2010 年"六普"文盲率/成人识字率（%）		成人识字率增长（百分点）
西　藏	47.25	52.75	32.29	67.71	15.0
青　海	25.44	74.56	12.94	87.06	12.5
贵　州	19.85	80.15	11.40	88.60	8.4
甘　肃	19.68	80.32	10.62	89.38	9.1
宁　夏	15.72	84.28	7.82	92.18	7.9
云　南	15.44	84.56	7.60	92.40	7.8
内蒙古	11.59	88.41	4.73	95.27	6.9

【数据来源】2000 年第五次全国人口普查主要数据；中国 2010 年人口普查资料［M］. 北京：中国统计出版社，2012.

2. 全国人均受教育年限明显提高，京沪津位列全国前三

第六次全国人口普查数据显示，2010 年，全国 6 岁及以上人口中受大专及以上教育的人口由 2000 年的 4402.01 万人增加到 2010 年的 11837.50 万人，增长 168.91%，占 6 岁及以上人口的比重由 3.8% 提高到 9.5%；受高中阶段教育的人口由 2000 年的 13828.35 万人增加到 18664.69 万人，比重由 12.0% 提高到 15.0%，提高 3 个百分点。

2010 年全国 6 岁及以上人口平均受教育年限为 8.8 年。在 31 个省区市中，6 岁及以上人口平均受教育年限最长的是北京（11.5 年），其次是上海（10.5 年）、天津（10.2 年）；排位较低的是云南（7.6 年）、贵州（7.4 年）、西藏（5.3 年）（见图 5.2）。

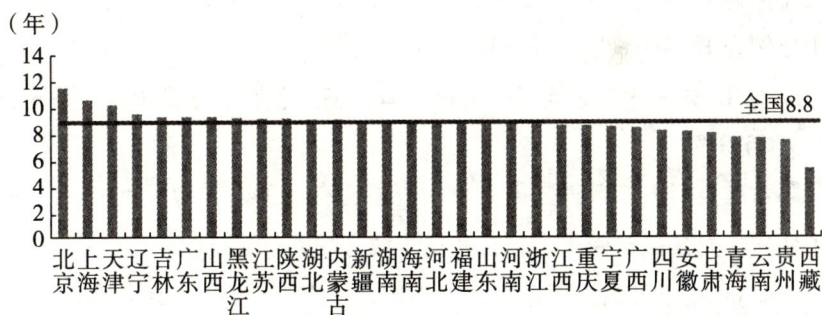

图 5.2　2010 年 31 个省区市 6 岁及以上人口平均受教育年限比较

【数据来源】中国 2010 年人口普查资料［M］. 北京：中国统计出版社，2012.

表 5.3　2010 年 31 个省区市 6 岁及以上人口人均受教育年限区间分布

人口平均受教育年限（年）	省份个数	省份名称	全国 6 岁及以上人口平均受教育年限为 8.8 年
10.1—12.0	3	北京、上海、天津	全国平均值以上18 个
9.1—10.0	8	辽宁、吉林、广东、山西、黑龙江、江苏、陕西、湖北	
8.8—9.0	7	内蒙古、新疆、湖南、海南、河北、福建、山东	
8.1—8.7	8	河南、浙江、江西、重庆、宁夏、广西、四川、安徽	全国平均值以下13 个
5.0—8.0	5	甘肃、青海、云南、贵州、西藏	

第六次全国人口普查数据资料显示，2010 年全国 6 岁及以上人口为 12.4 亿人，具有大专及以上文化程度的有 1.18 亿人，占 6 岁及以上人口总数的 9.5%；具有高中（含中专）文化程度的有 1.87 亿人，占 6 岁及以上人口总数的 15.0%；具有初中及以下文化程度的有 9.38 亿人，占 6 岁及以上人口总数的 75.5%。在 31 个省区市中，北京 6 岁及以上人口中具有大专及以上文化程度的比例为 32.8%，具有高中文化程度的比例为 22.1%；上海大专及以上比例为 22.8%，高中比例为 21.8%；天津大专及以上比例为 18.3%，高中比例为 21.6%；辽宁大专及以上比例为 12.5%，高中比例为 15.4%（见图 5.3）。

3. 每 10 万人中受过高等教育的人口大幅增长，北京高出全国平均值两倍多

第六次全国人口普查数据显示，全国拥有各种受教育程度的人口都发生了变化，尤其是接受高中教育和高等教育的人口数增幅较大。

与 2000 年第五次全国人口普查相比，每 10 万人中具有大学（大专及以上）文化程度的由 3611 人上升为 8930 人，增长 147.30%；具有高中文化程度的由 11146 人上升为 14032 人，增长 25.89%；具有初中文化程度的

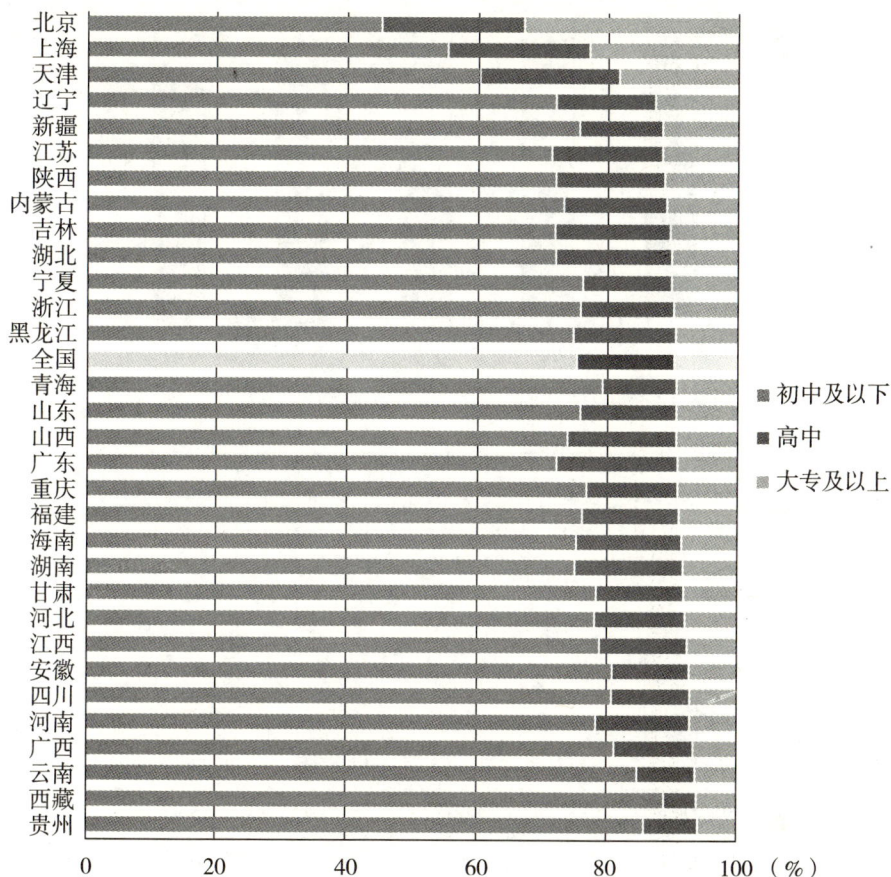

图5.3　2010年31个省区市6岁及以上人口受教育程度比较

【数据来源】中国2010年人口普查资料［M］．北京：中国统计出版社，2012.

由33961人上升为38788人，增长14.21%；具有小学及以下文化程度的由35701人减少为26779人，下降24.99%（见图5.4、表5.4）。

2010年，全国每10万人中拥有大学文化程度的人口平均为8930人。31个省区市中，每10万人中拥有大学文化程度人口数最多的是北京，有31499人，高出全国平均值两倍多。每10万人中拥有大学文化程度人口超过万人的还有上海（21952人）、天津（17480人）、辽宁（11965人）、江苏（10815人）、新疆（10635人）、陕西（10556人）、内蒙古（10208人）（见图5.4、表5.4）。

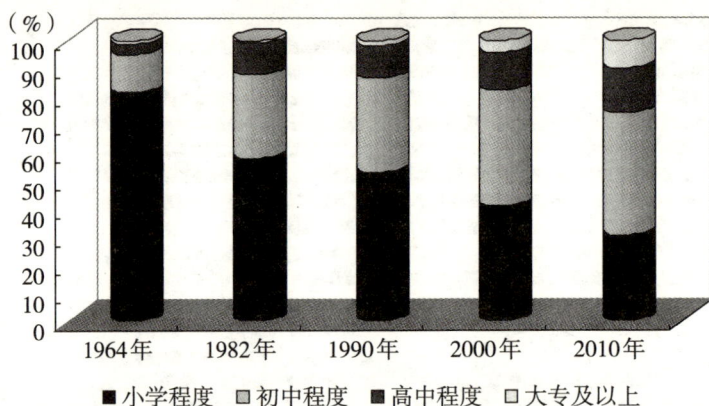

图 5.4　历次人口普查每 10 万人中拥有各种受教育程度人口比重变化情况

【数据来源】2010 年第六次全国人口普查主要数据。

表 5.4　31 个省区市每 10 万人中拥有的各种受教育程度人口比较（人）

	2000 年"五普"			2010 年"六普"		
	初中及以下	高中和中专	大专及以上	初中及以下	高中和中专	大专及以上
全　国	69662	11146	3611	65567	14032	8930
北　京	51347	23151	16843	41352	21220	31499
天　津	59621	20851	9007	55199	20654	17480
河　北	72835	10717	2698	69061	12709	7296
山　西	70689	11562	3423	66981	15733	8721
内蒙古	65932	13760	3803	64636	15125	10208
辽　宁	69853	13205	6182	66735	14788	11965
吉　林	69285	15076	4926	66128	16866	9890
黑龙江	70116	13866	4797	69159	14991	9067
上　海	55737	23018	10940	49996	20966	21952
江　苏	69253	13039	3917	62846	16143	10815
浙　江	69958	10758	3189	65500	13562	9330
安　徽	70122	7625	2297	65962	10774	6697
福　建	72025	10602	2967	67687	13876	8361

续表

	2000 年"五普"			2010 年"六普"		
	初中及以下	高中和中专	大专及以上	初中及以下	高中和中专	大专及以上
江　西	72121	9819	2576	67796	12326	6847
山　东	69370	11036	3331	65121	13908	8694
河　南	72588	10031	2674	66568	13212	6398
湖　北	69727	12595	3898	62489	16602	9533
湖　南	73984	11125	2927	66313	15420	7595
广　东	69835	12880	3560	65869	17072	8214
广　西	74515	9554	2389	70444	11033	5977
海　南	66906	12491	3167	64477	14666	7768
重　庆	72799	8596	2802	66772	13213	8643
四　川	72318	7587	2470	69516	11247	6675
贵　州	64075	5626	1902	69162	7282	5292
云　南	66001	6563	2013	70868	8376	5778
西　藏	36751	3395	1262	49439	4364	5507
陕　西	67678	12246	4138	63552	15773	10556
甘　肃	60832	9863	2665	63717	12687	7520
青　海	52605	10431	3299	60639	10427	8616
宁　夏	59600	10910	3690	63480	12451	9152
新　疆	65478	12089	5141	66171	11582	10635

【数据来源】2000 年第五次全国人口普查主要数据；中国 2010 年人口普查资料［M］．北京：中国统计出版社，2012.

以上所述充分说明全国 31 个省区市人口总体素质有了明显的改善。

4. 就业人员中高层次人才比重扩大，但人才短缺矛盾依旧突出

我国各省区市劳动力资源数量众多，但劳动力素质水平差异较大，平均受教育年限偏低，70% 的人力资本属于基础人才。2010 年，31 个省区市劳动力素质水平普遍提升，高层次人才比重不断扩大，但远远不能满足经济社会发展对劳动者知识和技能的需求，发展的不平衡，结构的不合理，

专业人才、高层次人才、技术工人、熟练工人的严重不足，迫切需要加强劳动者培训，通过职业生涯中的不断学习和知识技能更新，提高劳动力的整体素质和竞争力。

（1）学历水平

《中国劳动统计年鉴2011》显示，2010年全国就业人员为7154.79万人，其中受过高等教育（即具有大专及以上学历）的有719.29万人，占就业人员总数的10.05%；受过高中阶段教育的有992.45万人，占就业人员总数的13.87%；受过初中及以下教育的有5443.05万人，占就业人员总数的76.07%（见图5.5）。

全国就业人员仍以初中及以下受教育程度人员为主，占76.07%，其中受过初中教育的为3491.54万人，占48.80%；受过小学教育的为1707.19万人，占23.86%；未上学或文盲半文盲约为244.23万人，占3.41%（见图5.5）。

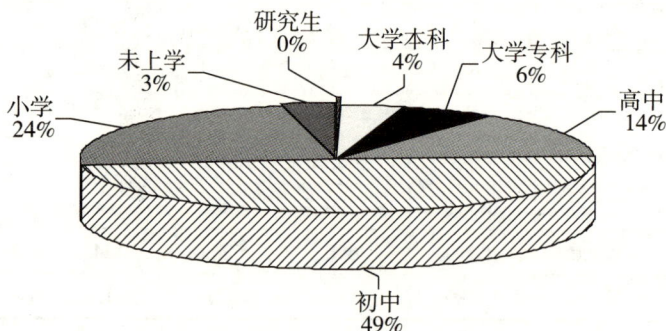

图5.5　2010年全国就业人员受教育程度人口分布

【数据来源】中国劳动统计年鉴2011 ［M］．北京：中国统计出版社，2012．

2010年，全国就业人员中平均10.1%的人拥有大专及以上文化程度。在31个省区市中，超过全国平均值的有16个省区市，就业人员拥有大专及以上文化程度的比例最高的5个省区市为：北京（39.0%）、上海（28.3%）、天津（21.5%）、新疆（13.9%）、辽宁（13.6%）；而比重较低的5个省区为：西藏（7.1%）、贵州（7.1%）、四川（7.0%）、河南（6.8%）、云南（6.5%）（见图5.6）。

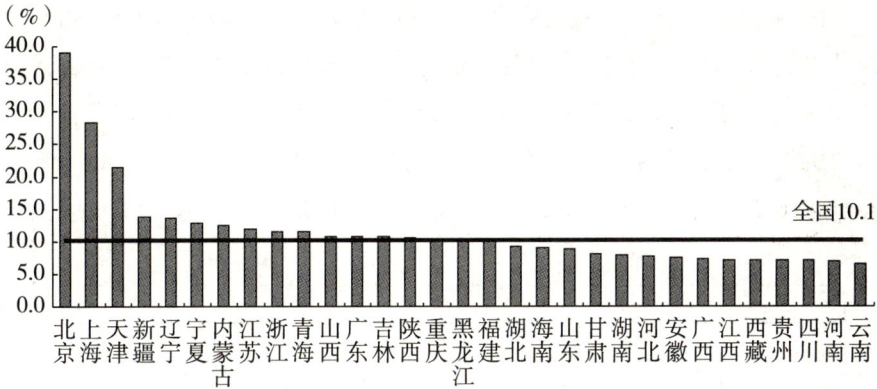

（%）
全国10.1

北上天新辽宁内江浙青山广吉陕重黑福湖海山甘湖河安广江西贵四河云
京海津疆宁夏蒙苏江海西东林西庆龙建北南东肃南北徽西藏州川南南
　　　　　　古　　　　　　　　江

图5.6　2010 年 31 个省区市就业人员受高等教育比例比较

【数据来源】中国劳动统计年鉴 2011［M］. 北京：中国统计出版社，2012.

（2）专业技术职称

第二次全国经济普查数据显示，2008 年末，全国单位从业人员①为
2.72 亿人。在单位从业人员中，有专业技术职称的人员共 4547.80 万人，
占单位从业人员的 16.8%。其中，具有高级专业技术职称的为 514.11 万
人，占有专业技术职称人员的 11.3%，占单位从业人员的 1.9%。与 2004
年第一次全国经济普查相比，单位从业人员中具有高级专业技术职称的人
数增加 115.45 万人，所占比例增加 1.7 个百分点（见表5.5）。

表 5.5　2004 年和 2008 年全国单位从业人员专业技术职称结构情况

	2004 年		2008 年	
	人数（万人）	百分比（%）	人数（万人）	百分比（%）
具有专业技术职称人员合计	4160.70	100.0	4547.80	100.0
具有高级技术职称者	398.66	9.6	514.11	11.3
具有中级技术职称者	1535.36	36.9	1744.07	38.4
具有初级技术职称者	2226.68	53.5	2289.62	50.3

　　【数据来源】中国经济普查年鉴 2004［M］. 北京：中国统计出版社，2006；中国经济普查
年鉴 2008［M］. 北京：中国统计出版社，2010.

---

　　①　单位从业人员是指在本单位工作并取得劳动报酬或收入的年末实有人员数。包括：在各
单位工作的外方人员、港澳台方工作人员、兼职人员、再就业的离退休人员、借用的外单位人员
和第二职业者。但不包括离开本单位仍保留劳动关系的职工。

在31个省区市中，单位从业人员中有高级专业技术职称的人员占从业人员比例最高的5个省区市为：北京（4.3%）、宁夏（3.4%）、青海（3.0%）、黑龙江（2.9%）、天津（2.8%）（见图5.7）；而有专业技术职称的从业人员中具有高级职称比例最高的5个省市为：北京（19.0%）、天津（16.5%）、辽宁（16.2%）、黑龙江（14.8%）、吉林（14.6%）。

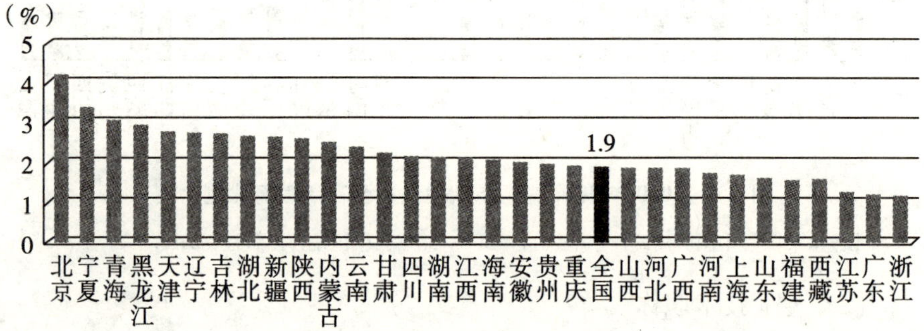

图5.7　2008年31个省区市单位从业人员中有高级职称的人员的比例比较

【数据来源】中国经济普查年鉴2008［M］. 北京：中国统计出版社，2010.

（3）技术等级

2008年末，在单位从业人员中，具有技术等级资格证书的人员共2284.90万人，占单位从业人员的8.4%。其中，有高级技术等级证书的为1116.75万人，占有技术等级证书人员的48.9%，占单位从业人员的4.1%。与2004年第一次全国经济普查相比，单位从业人员具有高级技术等级证书的人数增加283.96万人，所占比例增加5.6个百分点（见表5.6）。

表5.6　2004年和2008年全国单位从业人员专业技术等级结构比较

	2004年		2008年	
	人数（万人）	百分比（%）	人数（万人）	百分比（%）
具有技术等级证书人员合计	1923.77	100.0	2284.90	100.0
高级技师	51.73	2.7	97.94	4.3
技师	162.93	8.5	276.87	12.1
高级工	618.13	32.1	741.94	32.5
中级工	1090.98	56.7	1168.14	51.1

【数据来源】中国经济普查年鉴2004［M］. 北京：中国统计出版社，2006；中国经济普查年鉴2008［M］. 北京：中国统计出版社，2010.

2008 年末，在 31 个省区市中，单位从业人员中有高级技术等级证书的占从业人员比例最高的是新疆（7.7%）、黑龙江（7.0%）、青海（6.5%）、甘肃（6.2%）（见图 5.8）；有高级技术等级证书的占有技术等级证书人员比例排在前三位的是青海（63.9%）、黑龙江（62.3%）、内蒙古（61.1%）。

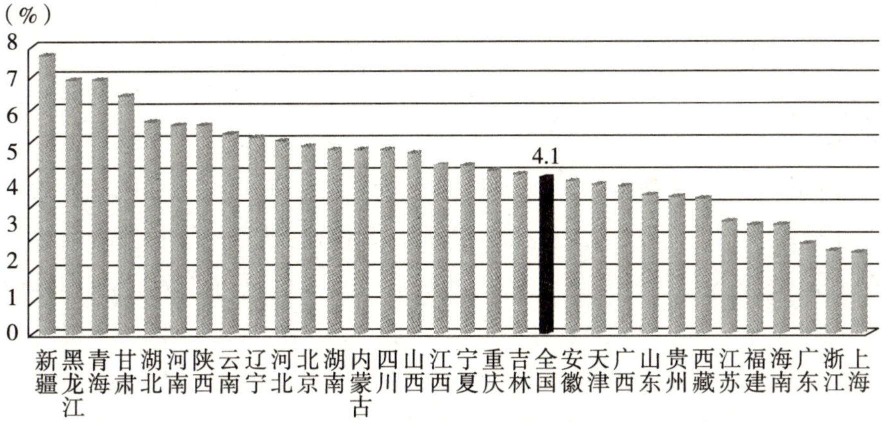

（%）

图 5.8　2008 年 31 个省区市单位从业人员中有高级技术等级证书的人员的比例比较

【数据来源】中国经济普查年鉴 2008 ［M］．北京：中国统计出版社，2010．

（二）继续教育机会逐步增加，但发展水平不够均衡

1. 学历继续教育保持稳中有升，但资源配置存在差距

学历继续教育的发展使数以亿计的成人提高了知识和文化水平，特别是以计算机和网络技术为核心的现代远程教育的发展，为社会成员特别是在职人员参加继续教育提供了方便灵活的学习方式。

我国高层次学历继续教育向多样化发展，主要包括以下几种类型：第一类是传统的学校教育模式，包括普通高等学校、成人高等学校以及职业院校；第二类是远程教育模式，包括以书面函授材料为主的函授教育，以电子信息为主要教学手段的广播电视教育，以及基于计算机多媒体技术和网络技术的现代远程教育；第三类是以个人自学、社会助学与国家考试相结合的高等教育自学考试。其中，普通高等学校以其专业的课程体系、雄厚的师资力量、完备的培训层次、灵活的教学方式、良好的学习氛围，成

为我国开展高层次学历继续教育的主力军和重要基地。

2010 年，全国 15 岁及以上人口约为 11.12 亿人，参加成人大中专学历教育的在校生规模达 1201.58 万人，占 15 岁及以上人口总数的 1.08%。其中，成人本专科在校生 989.18 万人，占成人大中专学历在校生的 82.32%；成人中专在校生 212.40 万人，占 17.68%。北京 15 岁及以上人口参加成人大中专学历教育比例一枝独秀，为 19.5%，其次是上海，为 1.7%（见图 5.9）。北京集中了较多的继续教育机会，2010 年，北京有 96 所①高等学校开展继续教育，其中，部委院校 36 所，市属院校 22 所，高职院校 20 所，独立设置的成人高校 18 所，成人本专科学历教育在读生规模达 27.32 万人。教育部批准 68 所普通高校和中央电大开展现代远程教育试点，其中近 20 所集中在北京，全国网络教育本专科在读生 453.14 万人，北京网络教育本专科在读生 319.65 万人，占全国总数的 70.54%。上海 61 所普通高校中 44 所设有继续教育机构，72% 的高校和 10 所独立设置的成人高校开展继续教育，7 所现代远程教育试点高校设有 8 所网络教育学院，各类成人本专科在读规模达 35.02 万人，成人本专科在读生 19.86 万人，网络本专科在读生 15.16 万人。

（%）

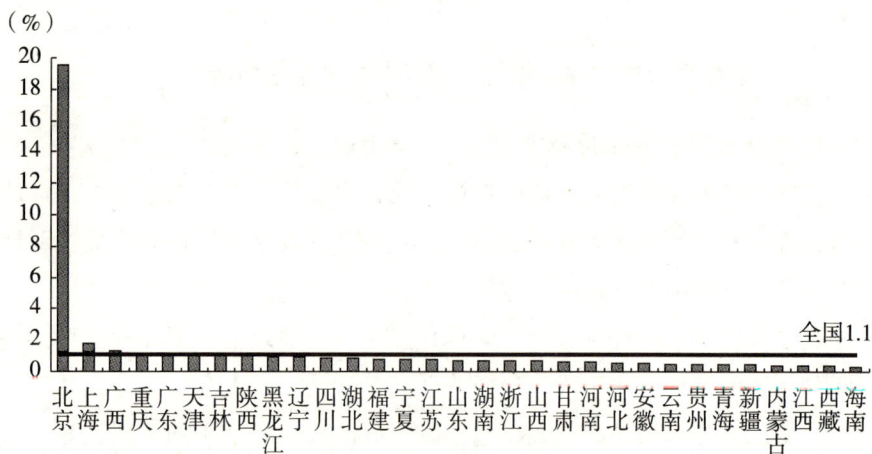

图 5.9　2010 年 31 个省区市成人大中专在校生比例比较

【数据来源】中国教育统计年鉴 2010 [M]．北京：人民教育出版社，2011．

---

① 北京市教育委员会．北京高等学校继续教育质量报告 2010 [R]．2011．

2010 年，全国高等教育本专科在校生规模为 2767.83 万人，其中，普通本专科在校生规模为 2231.79 万人，占 80.63%；成人本专科在校生规模为 536.04 万人，占 19.37%。有 1500 多所普通高校开展了成人高等教育，其中，成人本专科在学规模 489.40 万人，占全国成人本专科在学总规模的 91.30%；365 所成人高校有成人本专科在校生 46.64 万人，占全国成人本专科在校生规模的 8.70%。有 68 所普通高校开展现代远程教育试点，网络本专科在学规模达 453.14 万人。

在 31 个省区市中，广东成人本专科在校生人数最多，为 46.40 万人，其次是江苏，为 40.29 万人（见图 5.10、表 5.7）。

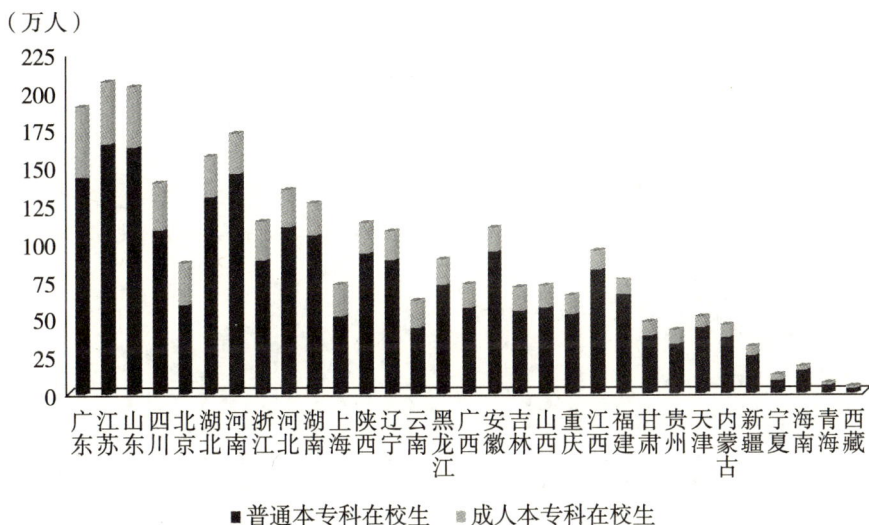

图 5.10 2010 年 31 个省区市普通本专科和成人本专科在校生规模比较

【数据来源】中国教育统计年鉴 2010［M］. 北京：人民教育出版社，2011.

表 5.7 2010 年 31 个省区市成人本专科在校生规模

成人本专科 在校生数（万人）	省份个数	省份名称
40 以上	2	广东、江苏
31—40	2	山东、四川

续表

成人本专科 在校生数（万人）	省份个数	省份名称
21—30	6	北京、湖北、河南、浙江、河北、湖南
11—20	11	上海、陕西、辽宁、云南、黑龙江、广西、安徽、吉林、山西、重庆、江西
1—10	9	福建、甘肃、贵州、天津、内蒙古、新疆、宁夏、海南、青海
1 以下	1	西藏

在31个省区市中，成人本专科在校生占高等教育本专科在校生比例最高的是北京，为31.8%，其次是宁夏（29.4%）、云南（28.1%）、上海（27.8%）。海南、江西最低，同为12.8%（见图5.11）。

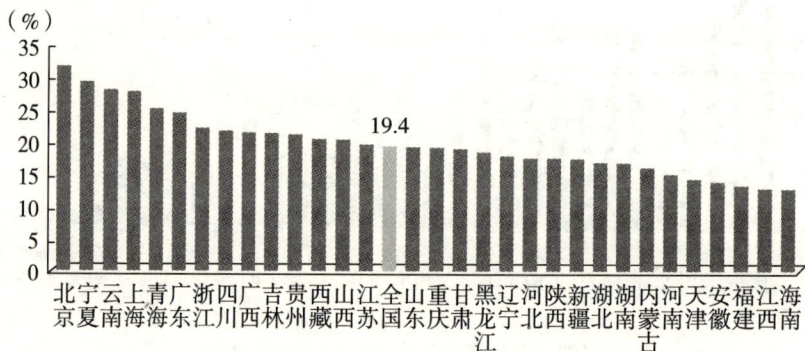

图 5.11　2010 年 31 个省区市成人本专科在校生占高等教育本专科在校生比例排位

【数据来源】中国教育统计年鉴 2010 ［M］. 北京：人民教育出版社，2011.

2010 年，全国普通中专和成人中专在校生规模为 1090.11 万人，普通中专在校生 877.71 万人，占 80.5%；成人中专在校生 212.40 万人，占 19.5%。在 31 个省区市中，广东成人中专在校生最多，为 39.63 万人，其次是广西，为 30.83 万人。除此，超 10 万人规模的有河南（16.29 万人）、湖南（12.11 万人）、福建（11.27 万人）、河北（11.11 万人）、山东（10.99 万人）和黑龙江（10.95 万人）（见图 5.12）。

（万人）

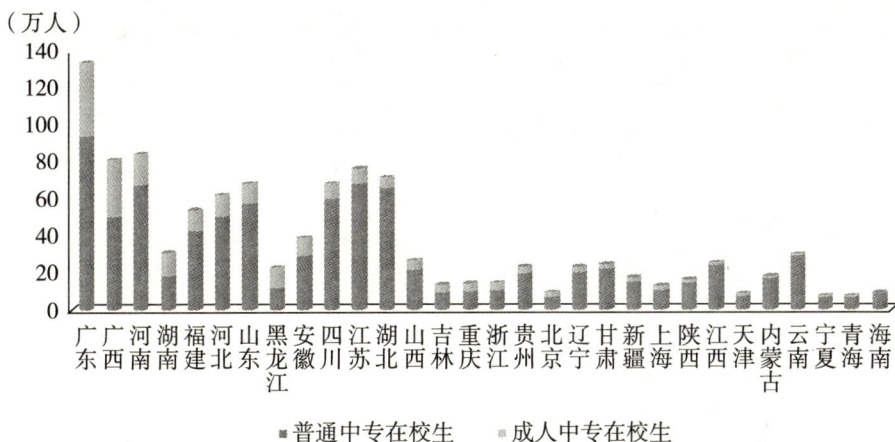

■普通中专在校生　■成人中专在校生

图 5.12　2010 年 31 个省区市普通中专和成人中专在校生规模比较

【数据来源】中国教育统计年鉴 2010 ［M］. 北京：人民教育出版社，2011.

在 31 个省区市中，黑龙江成人中专在校生占普通中专和成人中专在校生总数比例最高，达 47.91%，湖南占 39.57%，广西占 38.09%，吉林占 31.10%（见图 5.13）。

2. 成人教育培训需求旺盛，但供给不足难以适应

2010 年，31 个省区市积极贯彻落实《国家中长期教育改革和发展规划纲要》提出的"大力发展非学历继续教育"的要求，各类教育培训机构举办的成人教育培训蓬勃发展，规模不断扩大。

2010 年，全国各级各类教育培训机构广泛开展成人培训，参加成人非学历教育培训注册生规模达 5257.89 万人（包括成人高等非学历培训注册生和成人中等职业技术培训注册生），占 15 岁及以上人口总数的 4.73%。北京 15 岁及以上人口参加成人非学历教育培训比例最高，为 19.70%，其次是上海，为 14.48%，云南为 11.0%，新疆为 10.3%（见图 5.14）。

2010 年，全国普通高校和成人高校有成人培训注册生约 332.89 万人，比 2009 年增加 43.44 万人，增长 15.00%。其中，普通高校成人培训注册生 141.39 万人，占成人培训注册生总数的 42.47%；成人高校成人培训注册生 99.27 万人，占 29.82%；民办高等教育机构成人培训注册生 92.23 万人，占 27.71%。

2010 年，高等教育成人培训注册生中，接受进修与培训的注册生约

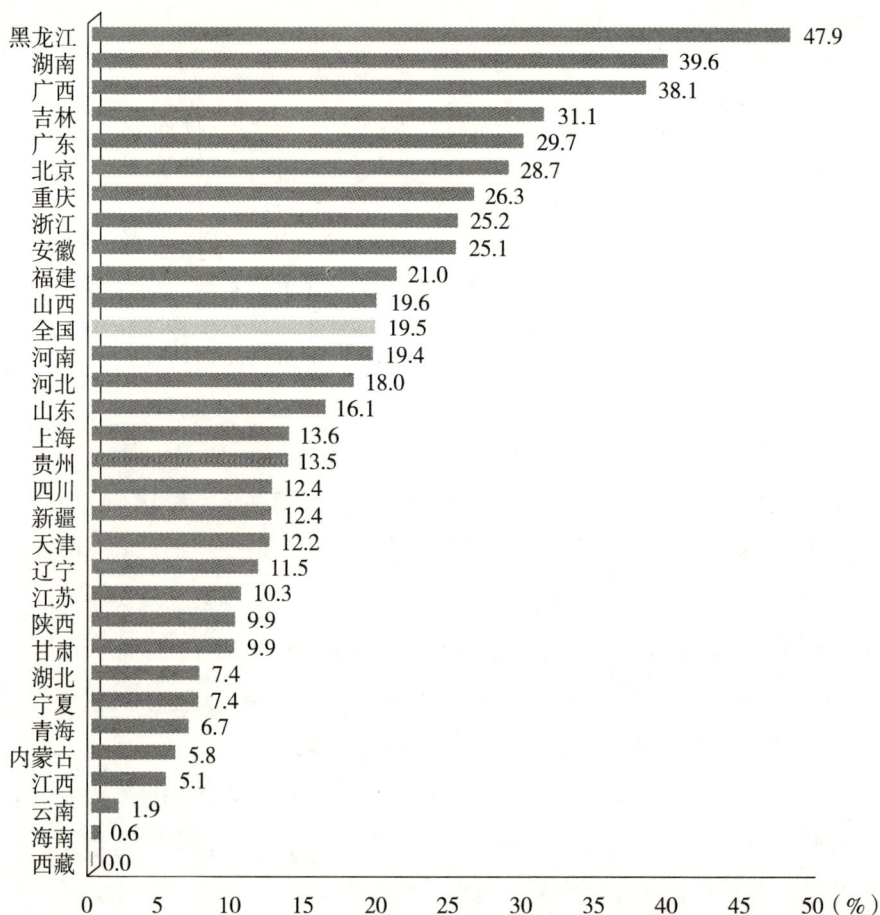

图5.13　2010年31个省区市成人中专在校生占中专在校生比例情况

【数据来源】中国教育统计年鉴2010［M］.北京：人民教育出版社，2011.

263.69万人，比2009年增加53.82万人，增长25.64%。其中，资格证书注册生约41.07万人，比上年增加0.16万人，增长0.40%；岗位证书注册生约36.45万人，比上年减少33.4万人，减少52.20%。

　　2010年，全国15岁及以上人口中参加高等教育成人培训注册生总量约332.89万人，占15岁及以上人口总数的0.30%。上海15岁及以上人口参加高等教育成人培训比例最高，为5.57%，其次是北京，为2.33%。其余各省区市均在1%以下，内蒙古最低，仅为0.02%。

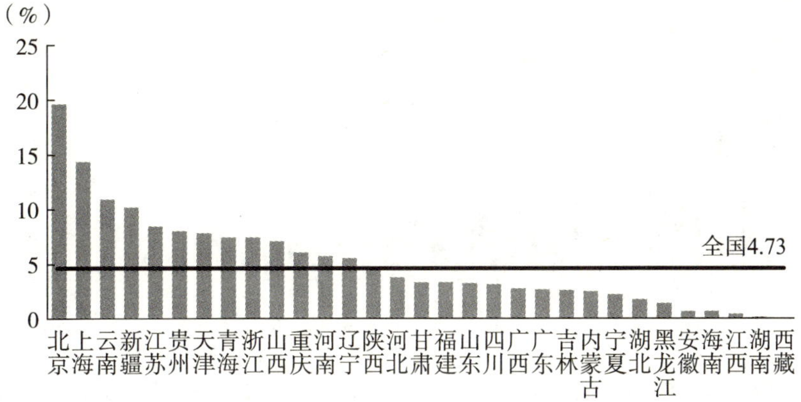

（%）

图 5.14　2010 年 31 个省区市 15 岁及以上人口参加非学历教育培训比例情况

【数据来源】中国教育统计年鉴 2010 ［M］. 北京：人民教育出版社，2011.

2010 年，全国中等成人培训注册生约 4925 万人，比 2009 年 5013 万人，减少了 88 万人。其中，职业技术培训注册生 308.2 万，占中等成人培训生总数的 6.3%；农村成人学校培训注册生 3424.2 万人，占 69.5%；其他培训机构培训注册生 1192.6 万人，占 24.2%（见图 5.15）。

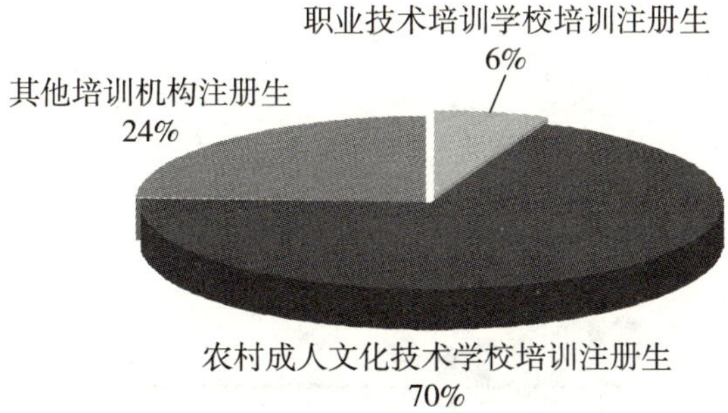

图 5.15　2010 年全国各类职业技术教育培训机构注册生规模分布

【数据来源】中国教育统计年鉴 2010 ［M］. 北京：人民教育出版社，2011.

2010 年，全国 15 岁及以上人口中参加中等成人培训注册生总量约 4925 万人，占 15 岁及以上人口总数的 4.4%。北京 15 岁及以上人口参加中等教育成人培训比例最高，为 17.4%，其次是云南（10.9%）、新疆（10.1%）和上海（9.9%）（见图 5.16）。

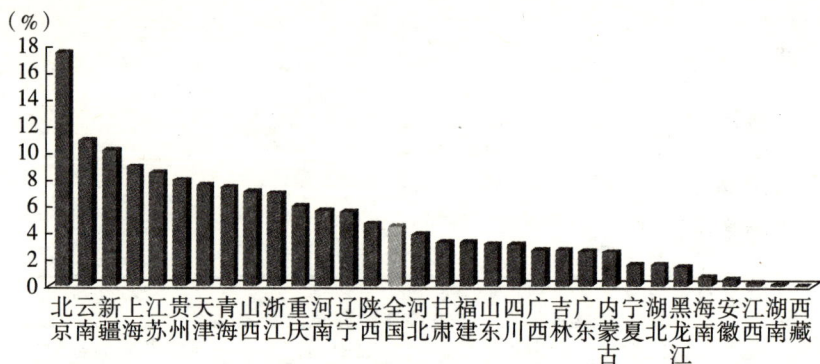

图5.16　2010年31个省区市中等教育成人培训注册生占15岁及以上人口比例情况

【数据来源】中国教育统计年鉴2010［M］．北京：人民教育出版社，2011．

3. 职工全员培训率达54.6%，但省际培训参与率参差不齐

《2010年全国职工教育培训统计（汇总）表及分析报告》显示，2010年参与调查统计的27个省区市约有5279.1万职工，参加学历教育和各类培训的共计2883.4万人，职工全员培训率为54.6%，与2009年职工全员培训率53.5%相比，提高了1.1个百分点（见图5.17）。

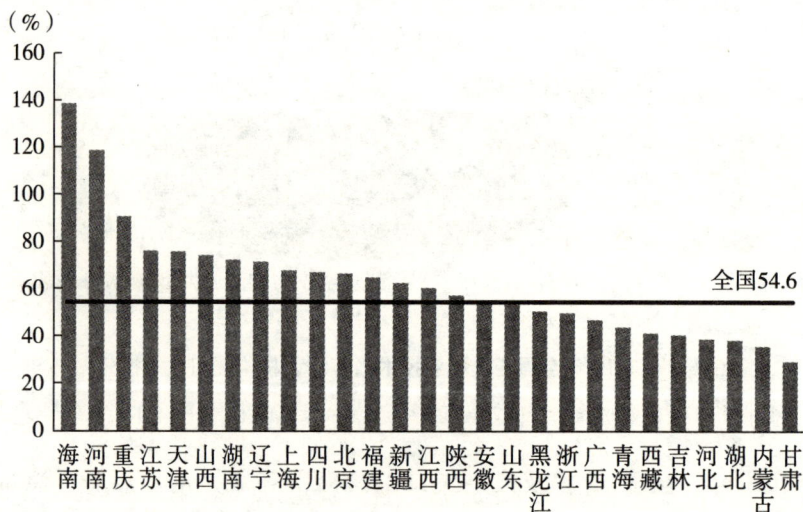

图5.17　2010年27个省区市职工全员培训率比较

【数据来源】教育部．2010年全国职工教育培训统计（汇总）表及分析报告［R］．2011．

2010 年，职工参加学历教育的约 337.4 万人，占职工总数的 6.4%，比 2009 年的 309.0 万人增加 28.4 万人，占职工总数的比例提高了 0.35 个百分点。在参加调查统计的省份中，职工参加学历教育人数占职工总数比例较高的省份有河南（33.0%）、湖南（14.3%）、江西（12.9%）、青海（9.8%）、江苏（9.8%），比例较低的省份为：天津（2.6%）、重庆（4.4%）、广西（4.4%）。

职工参加本专科学历教育的约 157.14 万人，占职工总数的 2.98%，占职工参加学历教育总数的 46.6%。在参加调查统计的省份中，职工参加本专科学历教育人数最多的是浙江，为 27.6 万人，河北为 20.6 万人。参加本专科学历教育人数最少的是广西，为 347 人（见表 5.8）。

表 5.8　2010 年 27 个省区市职工参与本专科学历教育在学情况

职工本专科学历教育在校生数（人）	省份个数	省份名称
200000 以上	2	浙江、河北
100001—200000	2	湖北、安徽
80001—100000	3	江西、山西、福建
60001—80000	5	江苏、湖南、四川、广东、黑龙江
40001—60000	2	甘肃、陕西
20001—40000	4	内蒙古、新疆、重庆、海南
10001—20000	4	上海、辽宁、北京、吉林
10000 以下	5	青海、天津、西藏、河南、广西

【数据来源】教育部.2010 年全国职工教育培训统计（汇总）表及分析报告［R］.2011.

职工参加中等职业教育培训的约 167.30 万人，占职工总数的 3.17%，占职工参加学历教育总数的 49.6%。在参加调查统计的省份中，职工参加中等职业教育培训人数最多的是浙江，为 29.9 万人，安徽为 20.8 万人。职工参加中等职业教育人数较少的是青海（1128 人）、天津（520 人）（见表 5.9）。

表5.9　2010年27个省区市职工参加中等职业教育在学情况

职工中等职业教育在校生数（人）	省份个数	省份名称
200000 以上	2	浙江、安徽
100001—200000	5	广东、江西、湖北、河北、福建
80001—100000	1	山西
60001—80000	2	江苏、黑龙江
40001—60000	3	甘肃、湖南、四川
20001—40000	2	陕西、吉林
10001—20000	3	海南、内蒙古、新疆
10000 以下	9	辽宁、上海、重庆、北京、西藏、河南、广西、青海、天津

2010年，职工参加各类培训的约4807.6万人次，比2009年的4694.4万人次增加113.2万人次，增长2.4%。其中，管理人员参加各类培训的约557.8万人次，占职工参加各类培训总人次的11.6%；专业技术人员参加各类培训的约1031.9万人次，占职工参加各类培训总人次的21.5%；工人参加各类培训的约3217.8万人次，占职工参加各类培训总人次的64.9%。在参加调查统计的27个省区市中，重庆工人参加各类培训人次比例最高，达79.7%，河南达78.7%，安徽达77.3%；工人参加各类培训人次比例较低的是青海，为44.7%，海南为41.0%。专业技术人员参加各类培训人次比例最高的是海南，为43.3%，青海为38.9%，内蒙古为36.4%，四川为36.3%；专业技术人员参加各类培训人次比例较低的有河南（9.8%）、重庆（6.7%）。管理人员参加各类培训人次比例最高的是湖北，为20.1%，其次是北京，为19.4%，上海为19.2，青海为16.4%，西藏为16.3%，管理人员参加培训人次比例较低的有福建（7.5%）、安徽（7.2%）、吉林（3.4%）（见图5.18）。

4. 远程开放教育呈积极发展态势，但资源优势呈现东强西弱

2010年全国广播电视大学在校生295.3万人，比2009年的284.6万人增加10.7万人。其中，开放教育在校生279.60万人，本科80.3万人，专

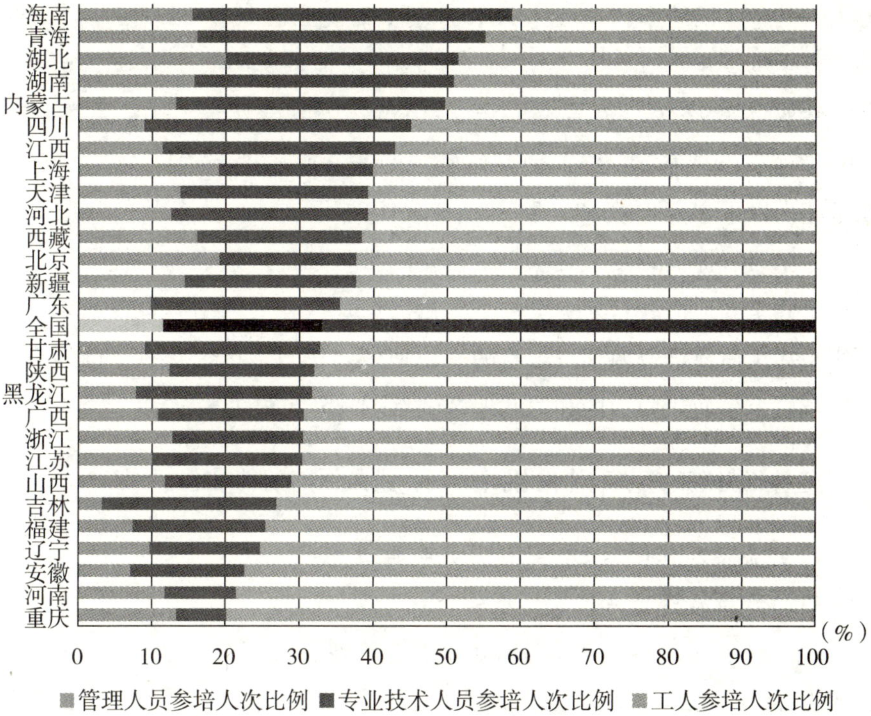

图 5.18　2010 年 27 个省区市职工参加各类培训情况比较

【数据来源】教育部 . 2010 年全国职工教育培训统计（汇总）表及分析报告 ［R］. 2011.

科 182.4 万人，"一村一名大学生计划" 16.98 万人；统招学历教育 15.7 万人。全国广播电视大学非学历教育进修及培训在校生 89.9 万人，结业生 252.7 万人。在 31 个省区市中，电大本专科在校生超万人的有 4 个，由高至低依次为四川（2.83 万人）、重庆（1.61 万人）、浙江（1.40 万人）、广东（1.09 万人）。本专科在校生不足千人的有海南（717 人）、广西（673 人）、青海（482 人）。

自 1999 年教育部启动现代远程教育工程，全国有 68 所试点普通高校和中央广播电视大学开展现代远程教育试点，累计注册学生 1000 多万人。2010 年，网络教育本专科招生 166.37 万人，比 2002 年的 43.42 万人增加近三倍。网络本专科在学规模从 2002 年的 108.22 万人增加到 2010 年的 453.14 万人，是 2002 年的四倍多。2010 年网络教育本专科在校生 453.14

万人，其中，网络本科在校生 164.04 万人，专科在校生 289.10 万人，网络在校生本专比为 0.57：1①。各试点高校现代远程教育共开设 396 个专业，专业点 2292 个，覆盖 11 个学科门类，建设校外学习中心和教学点 9000 多个，开展基于网络和数字化资源的非学历培训上千万人次。同时，积极建设以卫星、电视和互联网等为载体的远程开放教育及公共服务平台，为学习者提供方便、灵活、个性化的学习条件。试点高校优质教育资源广泛共享为促进教育公平奠定了基础。但是，开展网络教育试点院校主要集中在优质教育资源相对丰富的京津地区和华东地区，约占全国试点院校一半以上，而华南地区和西北地区试点院校分布很少。

（三）继续教育基础建设相对薄弱，投入保障亟待加强

1. 经费投入总体不足，地区差异明显

（1）继续教育经费收入有所减少

2010 年，全国各级各类教育机构教育经费总收入为 19271.2 亿元，比 2009 年的 16216.1 亿元增加了 3055.1 亿元，增长 184%。各级各类继续教育机构教育经费总收入为 208.03 亿元，比 2009 年的 211.29 亿元减少 3.26 亿元，下降 1.54%。

在 31 个省区市中，各级各类继续教育机构经费总收入超过 10 亿元的有 8 个，依次为上海、浙江、四川、广东、江苏、北京、河南、山东。上海位居第一，为 18.08 亿元，浙江为 16.76 亿元，四川为 15.53 亿元。

全国各级各类继续教育机构教育经费总收入占教育经费总收入的 1.08%，上海、吉林、四川、浙江、黑龙江、河北、河南、重庆、天津、新疆等 10 个省区市超过全国平均值，上海最高为 2.4%，吉林为 2.0%。青海较低，为 0.2%，宁夏为 0.1%（见图 5.19）。

2010 年国家财政性教育经费总量达 14379.4 亿元，比 2009 年的 11944.5 亿元增加 2434.9 亿元，增长 20.39%。各级继续教育机构国家财政性经费约

---

① 数据来自教育部网站，继续教育改革和发展情况介绍新闻通气会散发资料《各高校继续教育简况》。

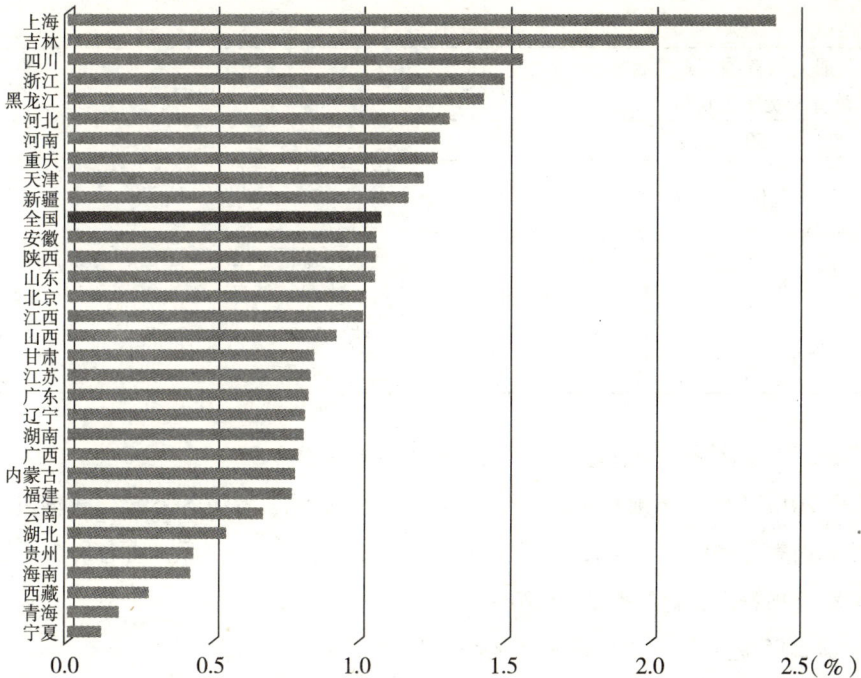

图 5.19　2010 年 31 个省区市成人教育经费收入占各类教育经费总收入比例情况

【数据来源】中国教育经费统计年鉴 2010 ［M］. 北京：中国统计出版社，2011.

120.45 亿，比 2009 年的 115.57 亿元增加 4.88 亿元，增长 4.22%。

　　全国各级各类继续教育机构国家财政性教育经费占国家财政性教育总经费的 0.84%。在 31 个省区市中，吉林、上海、黑龙江、四川、浙江、河北、天津、河南、重庆、新疆等 10 个省区市继续教育国家财政性教育经费占国家财政性教育总经费的比例超过全国平均值，吉林最高，为 2.13%，上海为 2.05%；比例较低的宁夏和青海仅为 0.12%（见表 5.10）。

表 5.10　2001 年 31 个省区市成人教育国家财政性教育经费占
国家财政性教育经费比例区间比较

成人教育国家财政性教育经费所占比例（%）	省份个数	省份名称
2.00 以上	2	吉林、上海

续表

成人教育国家财政性 教育经费所占比例（%）	省份个数	省份名称
1.50—2.00	0	
1.00—1.49	6	黑龙江、四川、浙江、河北、天津、河南
0.50—0.99	17	重庆、新疆、山东、山西、内蒙古、江西、陕西、江苏、安徽、湖南、云南、广东、辽宁、甘肃、福建、广西、北京
0.10—0.49	6	湖北、海南、西藏、贵州、宁夏、青海

（2）继续教育预算内教育经费各地差异明显

2010年，全国预算内教育经费为13198.9亿元，各级各类继续教育机构预算内教育经费为110.76亿元，其中，成人高校58.99亿元，占各级各类继续教育预算内教育经费的53.26%；成人中专48.52亿元，占43.81%；成人中学2.85亿元，占2.57%；成人小学0.40亿元，占0.36%。

2010年，各级各类继续教育机构预算内教育经费占全国预算内教育经费的0.84%。在31个省区市中，各级各类继续教育机构预算内教育经费占全国预算内教育经费比例最高的是吉林（2.17%）和上海（2.08%），比例较低的是宁夏（0.13%）和青海（0.13%）（见图5.20）。

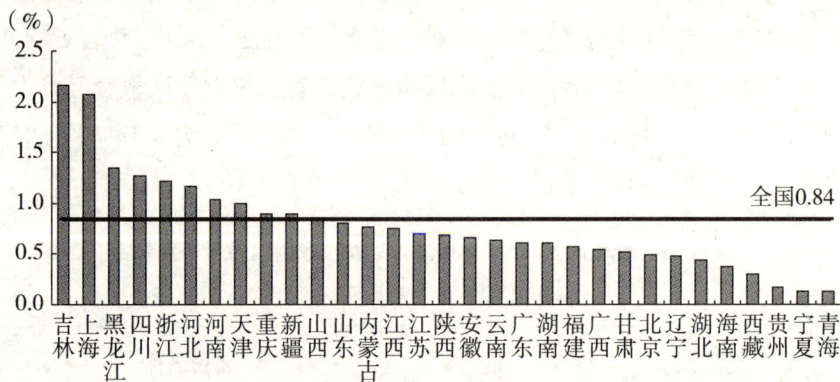

图5.20　2010年31个省区市成人教育预算内教育经费占教育预算内经费的比例情况

【数据来源】中国教育经费统计年鉴2010［M］. 北京：中国统计出版社，2011.

（3）成人教育事业收入缓慢下滑

2010 年，全国教育事业总收入为 4106.06 亿元，比 2009 年的 3527.59 亿元增加 578.47 亿元，增长 16.40%。成人教育事业收入 765.43 亿元，比 2009 年的 823.52 亿元减少 58.09 亿元，下降 7.05%。

2010 年，成人教育事业收入占全国教育事业收入的 1.86%，比 2009 年所占比例（2.33%）下降了 0.47 个百分点。在 31 个省区市中，除安徽、云南、陕西和新疆外，其余各省份成人教育事业收入所占比例比 2009 年均有下降。成人教育事业收入数额比 2009 年减少超亿元的有山东（2.7 亿元）、北京（1.3 亿元）、广东（1.3 亿元）、浙江（1.2 亿元）。

2010 年，在 31 个省区市中，成人教育事业收入占全国教育事业收入比例最高的是新疆，为 4.34%，其次是北京，为 3.12%，上海为 2.69%（见图 5.21、表 5.11）。

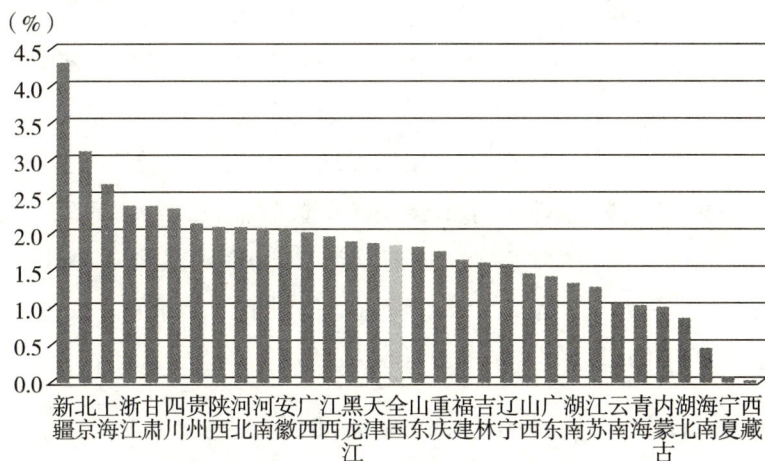

图 5.21　2010 年 31 个省区市成人教育事业收入占教育事业总收入比例情况

【数据来源】中国教育经费统计年鉴 2010［M］. 北京：中国统计出版社，2011.

表 5.11　2010 年 31 个省区市成人教育事业收入占教育事业总收入比例区间比较

成人教育事业收入占比区间（%）	省份个数	省份名称
4.00 以上	1	新疆

成人教育事业 收入占比区间（%）	省份个数	省份名称
3.01—4.00	1	北京
2.01—3.00	10	上海、浙江、甘肃、四川、贵州、陕西、河北、河南、安徽、广西
1.01—2.00	15	江西、黑龙江、天津、山东、重庆、福建、吉林、辽宁、山西、广东、湖南、江苏、云南、青海、内蒙古
0.01—1.00	3	湖北、海南、宁夏
0.00	1	西藏

【数据来源】中国教育经费统计年鉴2010［M］. 北京：中国统计出版社，2011.

（4）继续教育支出

2010 年全国各级各类教育经费总支出约 18196.1 亿元，各级各类继续教育支出为 202.49 亿元，占全国教育经费总支出的 1.08%。其中，成人高校教育经费支出 126.17 亿元，约占继续教育经费支出的 62.3%；成人中专教育经费支出 71.42 亿元，约占 35.3%；成人中学教育经费支出 4.5 亿元，约占 2.2%；成人小学教育经费支出 0.41 亿元，约占 0.2%。在 31 个省区市中，继续教育经费占教育经费支出比例最高的是上海，为 2.33%，其次是吉林，为 2.19%。所占比例最低的是宁夏，仅占 0.08%（见表 5.12、图 5.22）。

表 5.12 2010 年 31 个省区市成人教育经费支出占教育经费总支出比例区间比较

成人教育经费 支出占比区间（%）	省份个数	省份名称
2.00 以上	2	上海、吉林
1.51—2.00	1	四川
1.01—1.50	11	浙江、黑龙江、重庆、河北、河南、天津、新疆、山东、北京、陕西、江西
0.51—1.00	12	安徽、山西、江苏、辽宁、广东、湖南、广西、内蒙古、甘肃、云南、福建、湖北、
0.01—0.50	5	海南、贵州、西藏、青海、宁夏

（%）

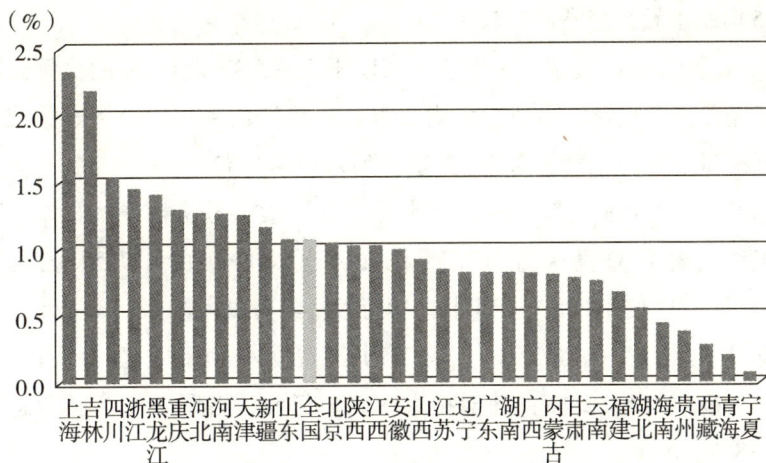

图 5.22　2010 年 31 个省区市成人教育经费支出占教育总支出比例情况

【数据来源】中国教育经费统计年鉴 2010 ［M］．北京：中国统计出版社，2011.

2010 年全国各级各类教育事业性经费支出约 18183.4 亿元，各级各类继续教育事业费支出约 198.91 亿元，占全国教育事业费总支出的 1.09%。在 31 个省区市中，继续教育事业费支出占教育事业费支出比例最高的是上海（2.3%），其次是吉林（2.2%）。超过全国平均值的省区市有 11 个，依次为上海、吉林、四川、浙江、黑龙江、重庆、河北、天津、河南、新疆和北京（见图 5.23）。

（%）

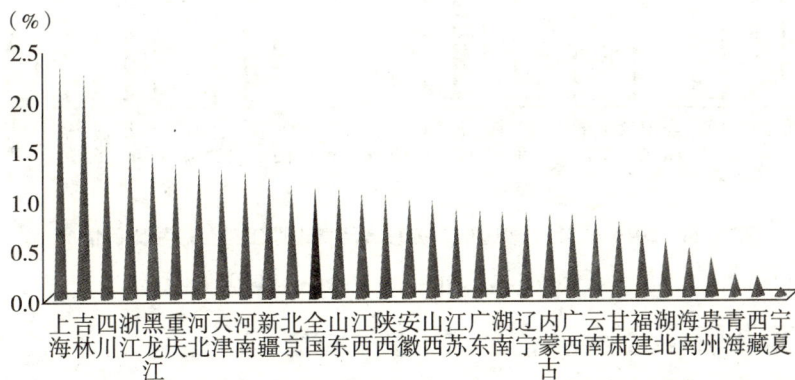

图 5.23　2010 年 31 个省区市继续教育事业经费支出占教育事业经费总支出情况

【数据来源】中国教育经费统计年鉴 2010 ［M］．北京：中国统计出版社，2011.

（5）职工教育经费缺口较大

《职业教育法》规定：一般企业按职工工资总额的 1.5% 的足额提取职工教育经费，对从业人员技术素质要求高、培训任务重、经济效益较好的企业可按职工工资总额的 2.5% 提取，列入成本开支。

《2010 年全国职工教育培训统计（汇总）表及分析报告》显示，2010 年职工教育经费总投入为 167.48 亿元，比 2009 年的 127.57 亿元增加 39.91 亿元，增长 31.28%。其中，学历教育经费投入约 30.73 亿元，占职工教育经费总投入的 18.35%；各类培训经费投入 105.98 亿元，占职工教育经费总投入的 63.28%；其他投入 30.78 亿元，占职工教育经费总投入的 18.38%。

全国职工教育经费占职工工资总额的 1.46%。有 10 个省区市职工教育经费达到职工工资总额的 1.5% 的规定，它们是重庆、内蒙古、湖南、江西、安徽、山西、海南、浙江、广东、江苏。其他 17 个省区市均未达到 1.5%，其中，有 5 个省区未达到 1%，分别是湖北、新疆、广西、吉林、黑龙江（见图 5.24）。

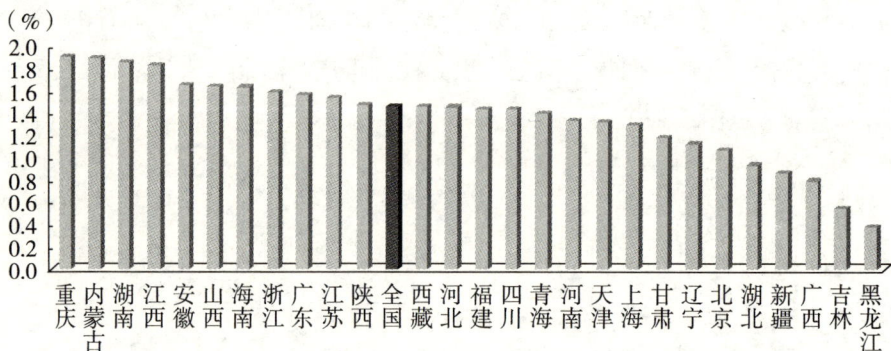

图 5.24　2010 年 31 个省区市职工教育经费占职工工资总额比例情况

【数据来源】中国教育经费统计年鉴 2010 [M]．北京：中国统计出版社，2011.

2. 教师队伍有所缩减，学历职称分布不均

2010 年全国成人高校共 365 所，比 2009 年减少 19 所；成人中专共 1720 所，比 2009 年减少 163 所；职业技术培训机构 12.9 万所，比 2009 年减少 2.37 万所。随着各类继续教育机构的调整，各类继续教育教职工队伍也在发生变化，全国成人高校有教职工约 7.7 万人，比 2009 年减少 0.71 万人；其中，成人高校专任教师约 4.6 万人，比 2009 年减少 0.45 万人。全国成人中专有教职工 8.5 万人，比 2009 年减少 0.89 万；其中，专任教师 5.69 万人，比 2009 年减少 0.56 万人。全国职业技术培训机构有教职工47.3 万人，比 2009 年减少 2.28 万人；其中专任教师约 24.2 万人，比2009 年减少 3.3 万人。

2010 年全国成人高校专任教师中具有研究生学历的有 9094 人，占成人高校专任教师的 19.8%；本科学历的有 34169 人，占 74.5%；专科及以下学历的有 2624 人，占 5.7%。在 31 个省区市中，北京成人高校专任教师具有研究生学历的比例最高，为 45.8%，宁夏和西藏暂无数据（见表5.13）。

表 5.13　2010 年 31 个省区市成人高校专任教师具有研究生学历比例区间比较

成人高校专任教师研究生学历占比区间（%）	省份个数	省份名称	全国平均值为 19.8%
40.0 以上	1	北京	全国平均值以上 14 个
35.1—40.0	2	重庆、江苏	
30.1—35.0	1	福建	
25.1—30.0	4	山东、上海、广西、湖北	
20.1—25.0	4	浙江、陕西、吉林、河北	
15.1—20.0	5	四川、河南、安徽、江西、天津	全国平均值以下 15 个
10.1—15.0	8	贵州、广东、山西、甘肃、海南、辽宁、青海、湖南	
10.0 及以下	4	新疆、黑龙江、云南、内蒙古	
暂无数据	2	西藏和宁夏	

【数据来源】中国教育统计年鉴 2010［M］. 北京：人民教育出版社，2011.

2010 年全国成人高校专任教师具有高级职称的有 14849 人，占成人高校专任教师的 32.4%；具有中级职称的有 19053 人，占 41.5%，具有初级职称的有 9917 人，占 21.6%；无职称的有 2068 人，占 4.5%。在 31 个省区市中，宁夏专任教师具有高级职称的比例最高，为56.9%，广东最低，为18.0%（见表5.14）。

表5.14　2010年31个省区市成人高校专任教师具有高级专业技术职称比例区间比较

成人高校专任教师高级职称占比区间（%）	省份个数	省份名称	全国平均值为32.4%
50.0以上	1	宁夏	全国平均值以上的14个
40.1—50.0	7	黑龙江、内蒙古、天津、吉林、江苏、辽宁、江西	全国平均值以上的14个
30.1—40.0	13	山西、湖北、福建、北京、山东、河北、湖南、浙江、贵州、广西、甘肃、河南、四川	全国平均值以上的14个
20.1—30.0	8	重庆、安徽、陕西、新疆、青海、上海、海南、云南	全国平均值以下的16个
18.0—20.0	1	广东	全国平均值以下的16个
暂无数据	1	西藏	

【数据来源】中国教育统计年鉴2010［M］．北京：人民教育出版社，2011.

2010年全国成人中专专任教师具有本科及以上学历的约42864人，占全国成人中专专任教师总数的75.2%。在31个省区市中，成人中专专任教师具有本科及以上学历占成人中专专任教师比例最高的是海南，为94.2%，北京为91.8%，比例较低的是陕西，为53.1%。福建、广西、西藏数据缺失。

2010年全国成人中专专任教师具有高级职称的约14650人，占全国成人中专专任教师总数的25.7%。在31个省区市中，成人中专专任教师具有高级职称占成人中专专任教师比例最高的是海南，为44.2%，江西43.8%，黑龙江41.1%，内蒙古40.4%。比例较低的是贵州（11.6%）和四川（10.4%）。福建、广西、西藏暂缺数据。

二、31 个省区市继续教育综合发展水平评价

为了考察我国各省区市的继续教育发展的基本状况及地区差异，本报告在参考以往教育发展评价指标、继续教育发展评价指标等的基础上，建构了衡量我国各省区市继续教育综合发展水平的指标体系，以期从多个方面对各省区市的继续教育发展水平进行测量与比较。

（一）继续教育综合发展水平的测量

衡量和评价某一地区继续教育综合发展水平，通常包括当地继续教育的存量、机会、资源、贡献、制度等多个方面，从而反映继续教育的发展现状、发展潜力、保障条件以及教育效果。但由于数据的局限，本报告在建构继续教育综合发展水平的指标体系时，只选取人力资源存量、继续教育增量以及继续教育资源三个维度，每个维度再由若干具体测量指标来构成。应当说明的是，未包含在本指标体系中的那些方面并非不重要，而是因为现阶段难以获得准确可靠的数据用于分析。

在指标的初步设计上，人力资源存量维度拟包含 5 个指标，即人均受教育年限、成人识字率、就业人口受高等教育的比例、从业人员具有高级职称的比例以及从业人员拥有高级技术等级证书的比例；继续教育增量维度拟包含 4 个指标，即 15 岁以上人口参加成人大专和中专教育比例、15 岁以上人口参加非学历培训比例、15 岁以上人口参加各种专业技术培训（注册生）比例；继续教育资源维度拟包含 9 个指标，即成人教育经费收入占教育总收入的比例、成人教育预算内教育事业费占总事业费的比例、成人教育事业收入占事业总收入的比例、成人教育经费支出占经费总支出的比例、成人教育事业支出占事业总支出的比例、职工教育经费占工资总额的比例、成人高校专任教师占教职工的比例、成人高校研究生学历专任教师占专任教师的比例、成人中专专任教师本科及以上学历占专任教师的比例。

　　本报告根据上述指标体系设计，具体选取结构方程模型的方法对全国31个省区市继续教育综合发展水平进行计算，其优势在于可以基于客观统计数据，针对主观建构的指标体系进行拟合和评价，同时能够通过拟合的因子负荷确定指标体系维度及指标权重。此处以省区市为单位，对全国各地的继续教育发展状况进行横向比较，同时以全国平均值作为一个单独的个案，故样本量为32。由于通常使用的协方差结构方程模型要求样本量不能低于200，因此在这项研究中采用PLS（Partial Least Squares）结构方程模型。

　　PLS结构方程模型是一种建构预测性结构模型的统计方法，采用在抽样技术中的BootStrap方法获得统计量的样本分布，并进行参数估计和显著性检验。为了克服样本量小的问题并保证参数估计的稳健性，一般将Boot-Strap样本数设定为500或1000以上，在本研究中设定为1000。这种PLS结构方程模型已经在各类综合发展评价研究中取得了良好的应用效果[①]。数据分析采用SPSS18.0和SmartPLS2.0软件进行处理。

　　结构方程模型将不可直接测量的变量称为潜变量，而将可以直接测量的变量称为观测变量。本研究中的3个维度均为潜变量，须通过作为观测变量的具体指标来反映。经检验，初选指标中师资力量维度的"从业人员具有高级职称的比例"（X_4）、"从业人员拥有高级等级证书比例"（X_5）、"职工教育经费占工资总额的比例"（X_{15}）以及"成人高校专任教师占教职工的比例"（X_{16}）其相关负荷低于2.0且t检验不显著，即无法很好地反映相应的潜变量，故将其删除。通过检验的指标以及所述潜变量构成了继续教育发展的指标体系，如表5.15所示。

---

　　① 王惠文，付凌晖. PLS路径模型在建立综合评价指数中的应用［J］系统工程理论与实践，2004（10）.

表 5.15　继续教育综合发展水平的维度及指标

维　度	初选指标	保留指标
人力资源存量	X_1 人均受教育年限； X_2 成人识字率； X_3 就业人口受高等教育的比例； X_4 从业人员具有高级职称的比例； X_5 从业人员拥有高级等级证书的比例。	X_1 X_2 X_3
继续教育机会	X_6 15 岁以上人口参加成人大专和中专教育比例； X_7 15 岁以上人口参加非学历培训比例； X_8 15 岁以上人口参加各种职业技术培训（注册生）比例； X_9 职工教育全员培训率。	X_6 X_7 X_8 X_9
继续教育资源	X_{10} 成人教育经费收入占教育总收入的比例； X_{11} 成人教育预算内教育事业费占总事业费的比例； X_{12} 成人教育事业收入占事业总收入的比例； X_{13} 成人教育经费支出占经费总支出的比例； X_{14} 成人教育事业支出占事业总支出的比例； X_{15} 职工教育经费占工资总额的比例； X_{16} 成人高校专任教师占教职工的比例； X_{17} 成人高校研究生学历专任教师占专任教师的比例； X_{18} 成人中专专任教师本科及以上学历占专任教师的比例。	X_{10} X_{11} X_{12} X_{13} X_{14} X_{17} X_{18}

　　基于上述指标体系，建立我国 31 个省区市继续教育综合发展水平结构方程模型，如图 5.25 所示。

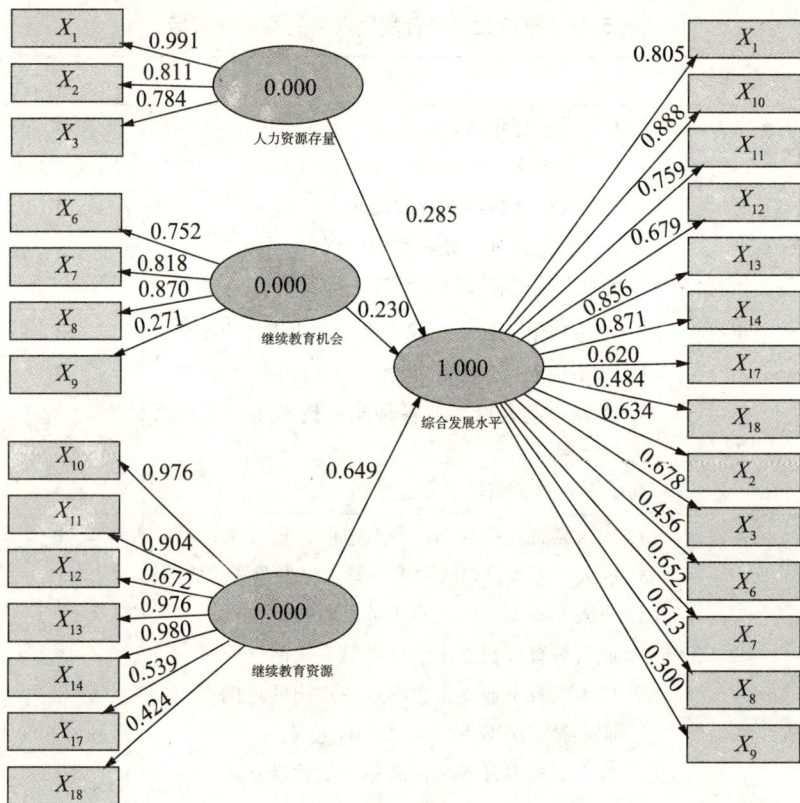

图 5.25 继续教育综合发展水平结构方程模型

经过对上述 PLS 结构方程模型中 3 个维度的指标进行唯一维度检验，结果显示每个维度的第一主成分特征值均大于 1，第二主成分特征值均小于 1，也就是说均通过了该项检验。使用 SmartPLS2.0 软件中的 PLS 程序进行迭代运算，得到模型质量结果，如表 5.16 所示。除了综合发展水平的平均变异萃取量（0.463）和公因子方差数值（0.463）略低于要求（0.5）之外，其余各维度的各项检验结果均达到了基本要求。可以使用该模型分析各省区市继续教育发展状况。此外，综合水平对于这 3 个潜变量的多元回归方程测定系数是 1.000，说明综合水平对相应的 3 个维度的概括程度较高。

表 5.16　模型质量结果

	平均变异萃取量	合成信度	测定系数	内部一致性系数	公因子方差	交叉验证冗余度
	>0.5	>0.6	>0.3	>0.6	0.5	>0
综合发展水平	0.463	0.919	1.000	0.903	0.463	0.464
人力资源存量	0.752	0.900		0.827	0.752	0.380
继续教育机会	0.516	0.792		0.632	0.516	0.455
继续教育资源	0.658	0.926		0.896	0.658	0.655

（二）31 个省区市继续教育综合发展水平比较

基于上述指标体系设计路径模型，对我国 31 个省区市继续教育综合发展水平进行整体评价，并从继续教育发展与经济发展的关系考察各省区市继续教育发展现状是否超前、同步或滞后于经济发展水平。

1. 沪京吉继续教育综合发展水平全国领先

通过模型获得的全国各省区市的继续教育综合发展水平得分是标准正态分数（均值为 0，标准差为 1），因此按照该得分将全国 31 个省区市按照继续教育综合发展水平分为三个方阵，规定若得分 >1 为第一方阵，若 0≤得分≤1 为第二方阵，若得分 <0 为第三方阵。

表 5.17　全国各省区市继续教育综合发展水平排序及方阵划分

第一方阵（得分 >1）	第二方阵（0≤得分≤1）	第三方阵（得分 <0）	
1　上海（3.017）	4　天津（0.774）	15　山西（-0.001）	26　云南（-0.680）
2　北京（2.253）	5　浙江（0.739）	16　辽宁（-0.107）	27　海南（-0.720）
3　吉林（1.349）	6　新疆（0.658）	17　江西（-0.131）	28　贵州（-1.004）
	7　重庆（0.523）	18　广东（-0.202）	29　青海（-1.232）

续表

第一方阵 （得分＞1）	第二方阵 （0≤得分≤1）	第三方阵 （得分＜0）	
	8　四川（0.447）	19　安徽（－0.287）	30　宁夏（－1.454）
	9　黑龙江（0.409）	20　内蒙古（－0.406）	31　西藏（－2.503）
	10　河南（0.363）	21　湖南（－0.429）	
	11　河北（0.323）	22　福建（－0.430）	
	12　江苏（0.176）	23　广西（－0.474）	
	13　陕西（0.078）	24　甘肃（－0.563）	
	14　山东（0.023）	25　湖北（－0.617）	
全国继续教育综合发展平均水平得分为 0.108			

　　按照上述划分方式，如表 5.17 所示，全国 31 个省区市中进入第一方阵的有上海、北京和吉林，其继续教育综合发展水平得分高于甚至远远高于全国其他省区市，处于领先的地位。进入第二方阵的省区市有天津、浙江、新疆、重庆、四川、黑龙江、河南、河北、江苏、陕西和山东，其继续教育综合发展水平得分在全国处于中上水平，其中除陕西和山东外均高于全国继续教育综合发展平均水平（简称全国平均水平）①。进入第三方阵的省区有山西、辽宁、江西、广东、安徽、内蒙古、湖南、福建、广西、甘肃、湖北、云南、海南、贵州、青海、宁夏和西藏，这些省区的继续教育综合发展水平得分低于全国平均水平，特别是贵州、青海、宁夏和西藏排在全国最后 4 位并且得分低于 －1，也就是说这些省区的继续教育综合发展水平与全国其他省区市相比仍存在较大的差距。

---

　　①　全国继续教育综合发展平均水平是将"全国平均"作为一个个案并使用各项评价指标对应的全国平均值，将其代入结构方程模型计算而来，而非各省区市继续教育综合发展水平得分的算术平均值。下文中继续教育发展水平 3 个子维度的全国平均水平得分也均是如此，在必要时也简称为相应维度的全国平均水平。

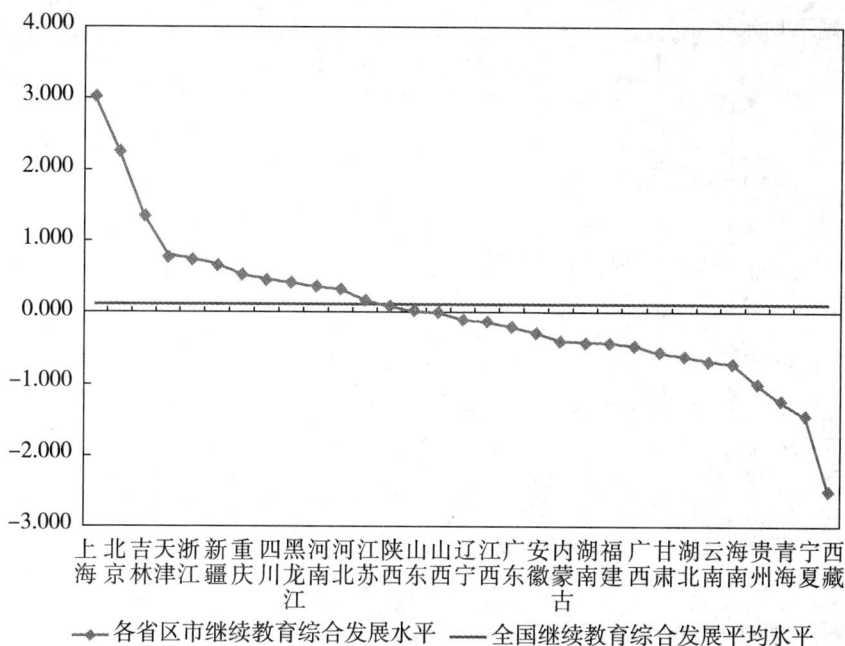

图 5.26 全国各省区市继续教育综合发展水平

从图 5.26 可以看到,第一方阵的 3 个省市和第二方阵中除陕西和山东之外的 9 个省区市,其继续教育综合发展水平要高于全国平均水平;而陕西和山东以及第三方阵中 17 个省区市的继续教育综合发展状况均低于全国平均水平。

2. 全国近半数省区市继续教育发展水平与经济发展水平大体一致

从全国各省区市继续教育综合发展水平和各省区市人均 GDP 的关系(见图 5.27)来看,北京、天津、上海、吉林、浙江、江苏的人均 GDP 和当地继续教育综合发展水平都高于全国平均水平,呈现出良好的发展势头;内蒙古、辽宁、广东、福建和山东虽然人均 GDP 高于全国平均水平,但是其继续教育综合发展水平接近或略低于全国平均水平;陕西、山西、河北、黑龙江、重庆、河南、四川和新疆的人均 GDP 虽然低于全国平均水平,但其继续教育综合发展水平接近于或高于全国平均水平;而西藏、贵州、云南、甘肃、宁夏、青海、海南、广西、安徽、江西、湖南和湖北的人均 GDP 接近或低于全国平均水平,并且其继续教育综合发展水平也低于全国平均水平。

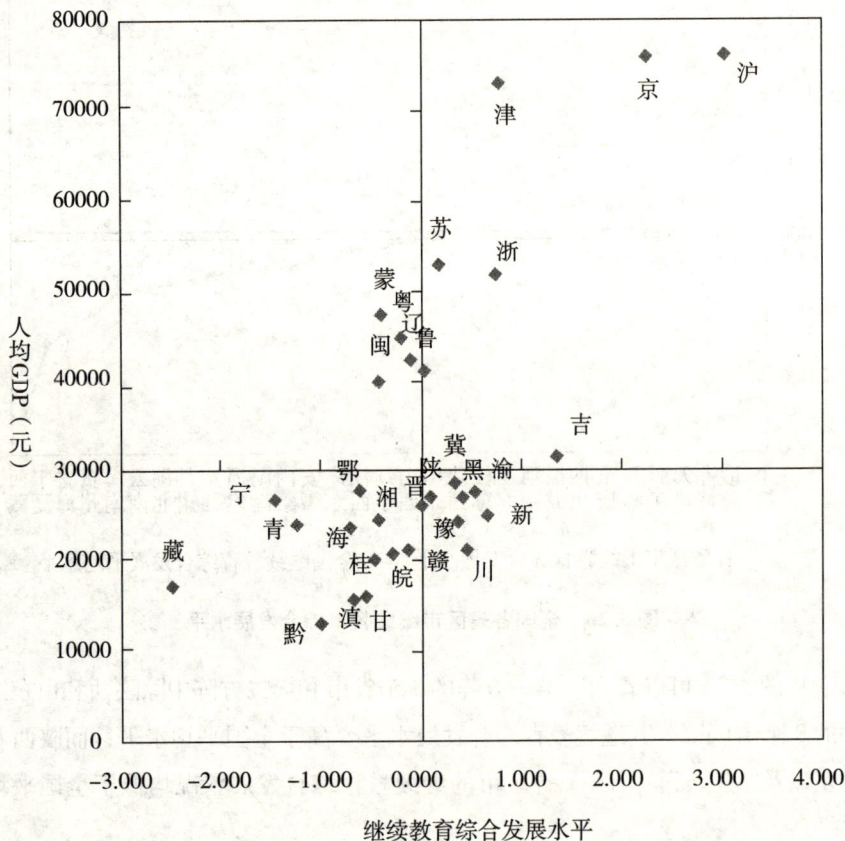

图 5.27　全国各省区继续教育综合发展水平和人均 GDP 的关系

进一步对比全国 31 个省区市继续教育综合发展水平排名以及人均GDP 的排名情况，可以得到各省区市继续教育发展水平与经济发展水平的等级差异，即：等级差异 = 继续教育综合发展水平排名 − 人均 GDP 排名，以此评价各省区市继续教育与经济发展的适应程度。此处采用"等级差异评定法"，其计算方法与求斯皮尔曼（C. Spearman）等级相关系数的方法相类似。本报告将各省区市继续教育综合发展水平与经济发展水平的协调程度分为三个层次：若等级差异 < − 4，则表明其继续教育综合发展水平超前于经济发展；若 − 4≤等级差异≤4，则表明其继续教育综合发展水平

与经济发展水平基本协调；若等级差异 >4，则表明其继续教育综合发展水平滞后于经济发展水平。

表 5.18　全国各省区市继续教育综合发展水平与人均 GDP 排名比较

省　份	继续教育综合发展水平排名	人均 GDP 排名	等级差异	继续教育与经济发展协调程度
四川	8	25	-17	继续教育综合发展水平超前于经济发展水平
新疆	6	19	-13	
河南	10	21	-11	
吉林	3	11	-8	
黑龙江	9	16	-7	
安徽	19	26	-7	
江西	17	24	-7	
重庆	7	14	-7	
甘肃	24	29	-5	
广西	23	27	-4	继续教育综合发展水平与经济发展水平基本协调
云南	26	30	-4	
山西	15	18	-3	
贵州	28	31	-3	
陕西	13	15	-2	
河北	11	12	-1	
北京	2	2	0	
上海	1	1	0	
浙江	5	5	0	
天津	4	3	1	
湖南	21	20	1	
西藏	31	28	3	
海南	27	23	4	

续表

省　份	继续教育综合 发展水平排名	人均 GDP 排名	等级差异	继续教育与经济 发展协调程度
山东	14	9	5	继续教育综合发 展水平滞后于经 济发展水平
青海	29	22	7	
辽宁	16	8	8	
江苏	12	4	8	
广东	18	7	11	
福建	22	10	12	
湖北	25	13	12	
宁夏	30	17	13	
内蒙古	20	6	14	

经比较（见表5.18），全国有13个省区市继续教育综合发展水平与其经济发展水平大体一致，即广西、云南、山西、贵州、陕西、河北、北京、上海、浙江、天津、湖南、西藏和海南。其余18个省区市中，继续教育综合发展水平超前于经济发展水平的有9个，即四川、新疆、河南、吉林、黑龙江、安徽、江西、重庆和甘肃；另有9个省区继续教育综合发展水平滞后于经济发展水平，包括山东、青海、辽宁、江苏、广东、福建、湖北、宁夏和内蒙古。

当然应看到，虽然甘肃、广西、云南、贵州、西藏和海南等省区继续教育综合发展水平超前于或基本适应于其经济发展水平，但由于这些省区地方经济发展水平本来在全国排名就相对靠后，在一定程度上制约了当地继续教育事业发展，因此这些省区继续教育综合发展水平在全国的实际排名也是比较靠后的。

（三）继续教育发展的区域特征及差异分析

我国各地经济、文化和教育发展水平存在较大的区域差异，继续教育也同样如此。按照地理特征和行政区划，本报告将我国31个省区市划分为京津沪地区（含3个省份）、东部地区（含8个省份）、中部地区（含8个省份）和西部地区（含12个省份）4个区域。

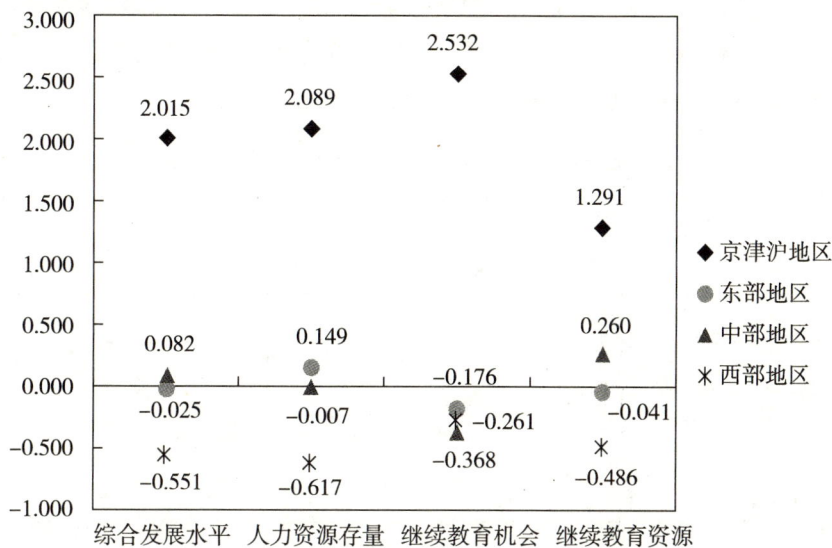

图5.28　不同区域继续教育发展的综合及分项得分比较

4个地区继续教育发展呈现不同样态。从继续教育综合发展水平（见图5.28）来看，京津沪地区在全国遥遥领先，东部地区和中部地区继续教育综合发展水平相近，而西部地区的发展水平略低。从继续教育发展的三个子维度来看，在人力资源存量上京津沪地区最大，东部和中部地区次之，西部地区最小；在继续教育机会上，京津沪地区遥遥领先，东部和西部地区基本相当并略高于中部地区；在继续教育资源上，京津沪地区最为充足，随后依次是中部地区、东部地区和西部地区。

1. 京津沪地区继续教育综合发展水平全国领先

我国京津沪地区地处环渤海和长三角两大经济圈，包括北京、天津和上海。京、津、沪均进入了全国继续教育综合发展水平前10名（见表5.19）。可见京津沪地区的继续教育发展水平在全国范围内是占据领先地位的。

总体而言，京津沪地区在继续教育发展各个方面都具有较强的实力，具有人力资源存量大、继续教育机会多并且继续教育资源充足的特点。具体而言，在人力资源存量上，京沪津依次位列全国前 3 名；在继续教育机会上，天津位居全国第 4 名，略微落后于北京和上海；在继续教育资源上，上海在全国位居第 1 名，北京和天津分列第 6 和第 11 名。因此，上海在京津沪地区继续教育发展水平最高、优势最为全面。

表 5.19　京津沪地区继续教育综合发展及分项排名

省份		综合发展水平	继续教育发展的 3 个维度		
			人力资源存量	继续教育机会	继续教育资源
京津沪地区	北京	2	1	1	6
	天津	4	3	4	11
	上海	1	2	2	1
进入全国前十的省份数		3 个	3 个	3 个	2 个

2. 东部地区人力资源存量较大、继续教育机会较多，但继续教育资源略显不足

东部地区包括河北、辽宁、江苏、浙江、福建、山东、广东和海南共 8 个省。只有浙江的继续教育综合发展水平跻身全国前 10 名，河北、江苏、山东、辽宁和广东 5 个省均位居全国继续教育综合发展水平第 11—20 名之间，而福建和海南排在全国第 21—31 名之间（见表 5.20）。东部地区继续教育综合发展水平在全国名列前茅和较为落后的省份都不多，绝大多数东部省份都排在中间位次，整体上呈现出"枣核型"的发展样态。

总体上讲，东部地区继续教育发展具有人力资源存量较大、继续教育机会相对较多的特点，但相比之下其继续教育资源则略显不足。具体而言，在人力资源存量上，辽宁、江苏和广东进入了全国前 10 名；在继续教育机会上，辽宁、江苏和浙江进入了全国前 10 名；在继续教育资源上，河北、浙江进入了全国前 10 名。在东部各省份中，辽宁、江苏和浙江的继续教育发展水平相对其他省份要更好，而福建和海南的继续教育发展水平则相对较低。

表 5. 20　东部地区继续教育综合发展及分项排名

	省份	综合发展水平	继续教育发展的 3 个维度		
			人力资源存量	继续教育机会	继续教育资源
东部地区	河北	11	16	20	9
	辽宁	16	4	10	20
	江苏	12	10	5	16
	浙江	5	18	8	3
	福建	22	13	15	24
	山东	14	20	30	12
	广东	18	7	18	19
	海南	27	17	13	28
进入全国前十的省份数		1 个	3 个	3 个	2 个

3. 中部地区继续教育人力资源存量适中、继续教育资源充足，但继续教育机会相对不足

中部地区包括吉林、黑龙江、山西、安徽、江西、河南、湖北和湖南共 8 个省。其中，吉林、黑龙江和河南的继续教育综合发展水平跻身全国前 10 名，山西、江西和安徽位居第 11—20 名之间，而湖北和湖南的继续教育综合发展水平则位列全国第 21—31 名之间（见表 5.21）。与东部地区相比，中部地区的省份在继续教育综合发展水平的三个排名区段上的分布比较均匀，整体呈现出"阶梯形"的发展样态。

总体来看，中部地区继续教育发展具有人力资源存量适中、继续教育资源充足的特点，但相比之下其继续教育机会则有些不足。具体而言，在人力资源存量上，山西、吉林和黑龙江进入了全国前 10 名；在继续教育机会上，山西和河南进入了全国排名前 10 名；而在继续教育资源上，吉林、黑龙江和河南进入了全国排名前 10 名。

表 5. 21　中部地区继续教育综合发展及分项排名

省份		综合发展 水平	继续教育发展的 3 个维度		
			人力资源存量	继续教育机会	继续教育资源
中部 地区	山西	15	8	9	17
	吉林	3	5	22	2
	黑龙江	9	9	28	8
	安徽	19	26	25	15
	江西	17	22	26	13
	河南	10	24	6	10
	湖北	25	15	23	26
	湖南	21	14	24	21
进入全国前 十的省份数		3 个	3 个	2 个	3 个

4. 西部地区继续教育机会较多，但人力资源存量和继续教育资源不足

西部地区包括内蒙古、广西、重庆、四川、贵州、云南、西藏、陕西、甘肃、青海、宁夏和新疆共 12 个省区市。其中，重庆、四川和新疆的继续教育综合发展水平跻身全国前 10 名，陕西位居全国第 11—20 名之间，而其余 8 个省区继续教育综合发展水平均位列全国第 21—31 名之间（见表 5.22）。西部地区仅有少数省份的继续教育综合发展水平在全国位居前列，而绝大多数省份都排名较为靠后，整体上呈现"倒漏斗型"的发展样态。

总体来看，西部地区继续教育发展具有继续教育机会较多的特点，但人力资源存量和继续教育资源不足是制约该地区继续教育发展的劣势。具体而言，在人力资源存量上，新疆进入了全国前 10 名；在继续教育机会上，重庆和新疆进入了全国前 10 名；而在继续教育资源上，重庆、四川和新疆进入了全国前 10 名。

表 5.22　西部地区继续教育综合发展及分项排名

省份	综合发展水平	继续教育发展的 3 个维度		
		人力资源存量	继续教育机会	继续教育资源
西部地区	内蒙古	20	11	29	23
	广西	23	23	19	22
	重庆	7	19	7	5
	四川	8	25	16	4
	贵州	28	30	17	27
	云南	26	28	11	25
	西藏	31	31	31	31
	陕西	13	12	14	14
	甘肃	24	27	21	18
	青海	29	29	12	29
	宁夏	30	21	27	30
	新疆	6	6	3	7
进入全国前十的省份数		3 个	1 个	2 个	3 个

[第六章]
继续教育国际比较

从整个世界来看，随着知识经济时代的到来、信息化水平的不断提高，全球化对人才规格和质量的要求越来越高；就行业企业而言，大量的新兴行业和企业对从业人员的素质、知识结构和实际技能不断提出新要求；就个体而言，社会生产力水平的不断提高，人们对自身修养的期望与诉求日益多样化。因此，传统的学历教育已不能满足社会需求。在这种情况下，继续教育作为终身教育的重要组成部分，越来越引起各国政府的高度重视。经过数十年的实践，各国在实施继续教育方面积累了一些经验，对我国的继续教育改革和发展具有重要的借鉴意义。

一、继续教育相关指标国际比较

（一）中国扫盲教育解决世界性难题，领跑 9 个发展中人口大国

1. 我国成人文盲数量下降迅速，率先实现全民教育目标

我国是一个人口大国，文盲众多是长期困扰中国发展的一大难题。《全民教育全球监测报告 2009》指出，全球估计有 7.76 亿成人（占全球成人人口的 16%）缺少基本识字的技能，其中 2/3 是妇女。全球 80% 的成人

文盲集中于 20 个国家，而孟加拉国、中国和印度就占了一半。为此，中国举全国之力，长期坚持不懈全面实施义务教育，大力扫除青壮年文盲，2001 年中国基本扫除青壮年文盲；2010 年中国在 9 个人口大国中率先实现全民教育的目标，全面扫除青壮年文盲，青壮年文盲率在 2% 以下，成人文盲率降至 4.88%。从《全民教育全球监测报告 2012》可以看出，中国的文盲总量已经大幅度下降，从 1985—1994 年段的 1.81 亿人下降到2005—2009 年段的 0.65 亿人，减少了 1.17 亿人（见表 6.1）。

表 6.1 部分国家 15 岁以上人口成人文盲人数变化比较

	1985—1994 年（千人）	女性占比（%）	2005—2009 年（千人）	女性占比（%）	下降幅度（%）
世界总数	887128	63	792425	64	10.68
转型期国家	3899	85	1005	70	74.23
发达国家	10067	63	8301	59	17.55
发展中国家	873162	63	783119	64	10.32
俄罗斯	2284	88	533	70	76.67
阿根廷	892	53	686	51	23.09
菲律宾	2378	53	2720	46	−14.38
委内瑞拉	1243	54	931	52	25.10
新加坡	259	78	210	76	18.92
中国	181415	70	64604	73	64.39
哥伦比亚	4221	52	2185	50	48.24
墨西哥	6363	62	5112	62	19.66
马来西亚	1989	66	1461	64	26.55
印度尼西亚	20936	68	12859	71	38.58
印度	284027	61	283105	65	0.33
孟加拉国	43939	56	49037	55	−11.60

【资料来源】1. 中国数据来自国家统计局．第六次全国人口普查汇总数据 ［EB/OL］. http：//www. stats. gov. cn.

2. 其他数据来源于全民教育全球监测报告 2012 ［M/OL］. http：//www. unesco. org.

从经合组织统计的数据来看，1985—1994 年段和 2005—2009 年段相比，发展中国家文盲总数下降 10.32%，中国的文盲总数下降 64.39%，比发展中国家的平均数高出 54 个百分点，文盲总数降幅走在世界前列。同时也可以看出，在 1994—2009 年这 15 年中，我国成人识字率方面所做的工作是卓有成效的。

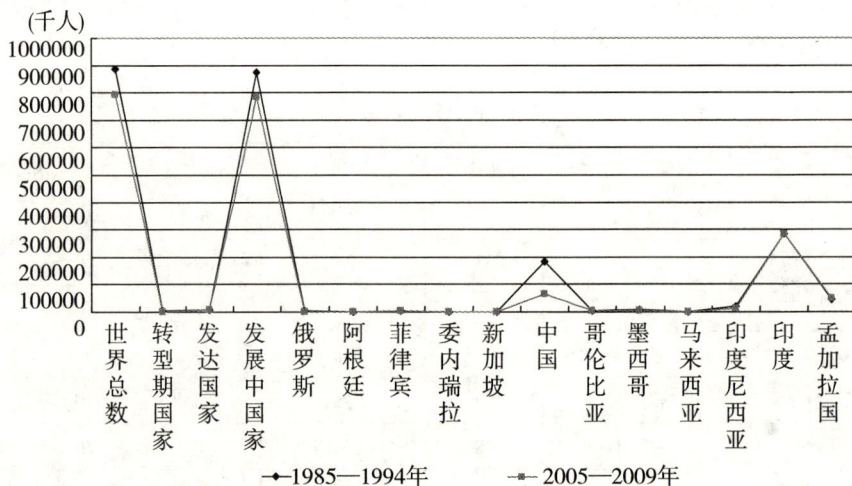

图 6.1　部分国家 15 岁以上人口成人文盲数量变化

【资料来源】1. 中国数据来自国家统计局．第六次全国人口普查汇总数据 ［EB/OL］. http：//www. stats. gov. cn.

2. 其他数据来源于全民教育全球监测报告 2012 ［M/OL］. http：//www. unesco. org.

2. 我国 15—24 岁青年文盲比重大幅度下降

青年是一个国家的希望，其教育程度如何，以及文盲率如何，将直接影响一个国家的未来。从《全民教育全球监测报告 2012》可以看出，我国 1985—1994 年段 15—24 岁的青年文盲数为 1409.6 万人，到 2005—2009 年段下降到了 145.7 万人，减少了 1263.9 万人（见表 6.2）。

表 6.2　部分国家 15—24 岁青年文盲数变化比较

	1985—1994 年（千人）	女性占比（％）	2005—2009 年（千人）	女性占比（％）	下降幅度（％）
世界总数	170166	63	127232	61	25.23
转型期国家	97	45	107	38	-10.31
发达国家	982	32	559	47	43.08
发展中国家	169177	63	126566	61	25.19
俄罗斯	55	44	66	39	-20
阿根廷	91	42	56	38	38.46
菲律宾	432	45	410	33	5.09
委内瑞拉	176	39	85	36	51.70
新加坡	6	44	1	35	83.33
中国	14096	73	1457	55	89.66
哥伦比亚	657	43	174	37	73.52
墨西哥	828	56	291	56	64.86
马来西亚	155	53	75	45	51.61
印度尼西亚	1378	65	222	57	83.89
印度	63946	64	40682	67	36.38
孟加拉国	13272	56	8103	46	38.95

【资料来源】1. 中国数据来自国家统计局. 第六次全国人口普查汇总数据［EB/OL］. ht-tp：//www. stats. gov. cn.

2. 其他数据来源于全民教育全球监测报告 2012［M/OL］. http：//www. unesco. org.

同期，15—24 岁青年文盲人口世界平均下降幅度是 25.23％，发展中国家下降幅度是 25.19％，发达国家下降幅度是 43.08％，我国下降幅度近 90％。

（千人）

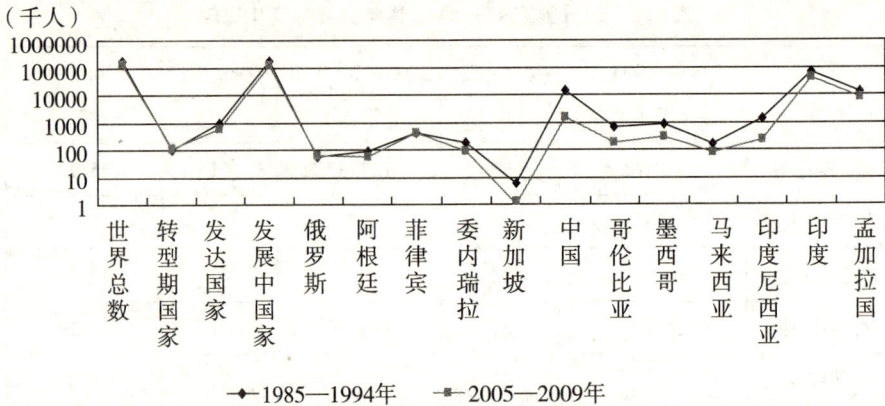

图 6.2　部分国家 15－24 岁青年文盲数量变化

【资料来源】1. 中国数据来自国家统计局．第六次全国人口普查汇总数据［EB/OL］．ht-tp：//www. stats. gov. cn.

2. 其他数据来源于全民教育全球监测报告 2012［M/OL］. http：//www. unesco. org.

3. 我国成人识字率高出世界平均水平 10 个百分点。

成人识字率能够反映教育的普及程度。《全民教育全球监测报告 2012》的数据显示，2005—2009 年段，全球 15 岁以上人口平均识字率占 15 岁以上人口的 84%。从中国的情况来看，2005—2009 年段 15 岁以上人口识字率为 94%，比世界平均水平高出 10 个百分点，在 9 个发展中人口大国中排第一位（见表 6.3）。

表 6.3　部分国家 15 岁以上人口成人识字率变化比较（%）

	1985—1994 年			2005—2009 年		
	小计	男性	女性	小计	男性	女性
转型期国家	98	99	97	100	100	99
发达国家	99	99	98	99	99	99
发展中国家	67	76	58	79	85	73
世界平均	76	82	69	84	88	79
俄罗斯	98	99	97	100	100	99
阿根廷	96	96	96	98	98	98
菲律宾	94	94	93	95	95	96
委内瑞拉	90	91	89	95	95	95

续表

	1985—1994 年			2005—2009 年		
	小计	男性	女性	小计	男性	女性
新加坡	89	95	83	95	97	92
中国	78	87	68	94	97	91
哥伦比亚	81	81	81	93	93	93
墨西哥	88	90	85	93	95	92
马来西亚	83	89	77	92	95	90
印度尼西亚	82	88	75	92	95	89
印度	48	62	34	63	75	51
孟加拉国	35	44	26	56	61	51

【资料来源】1. 中国数据来自国家统计局. 第六次全国人口普查汇总数据［EB/OL］. ht-tp：//www. stats. gov. cn.

2. 其他数据来源于全民教育全球监测报告 2012［M/OL］. http：//www. unesco. org

从发展来看，我国 2005—2009 年段 15 岁以上人口识字率比 1985—1994 年段提高了 16 个百分点，高于印度、墨西哥、哥伦比亚、印度尼西亚、马来西亚等国家，但低于俄罗斯、阿根廷、菲律宾等国家（见图 6.3）。

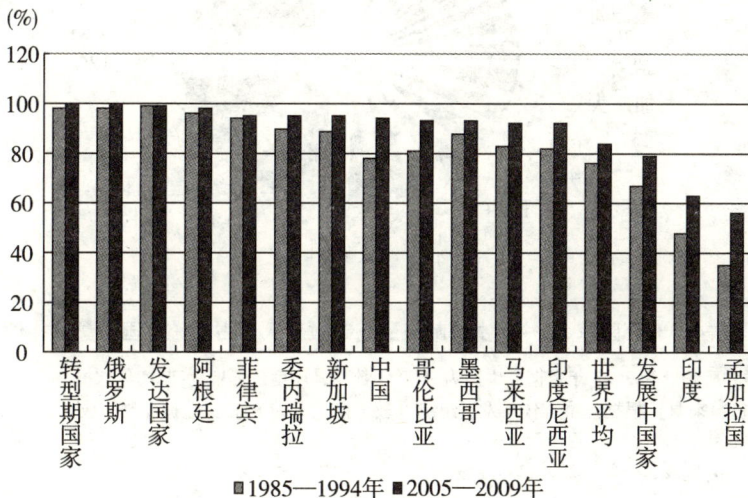

图 6.3 部分国家 15 岁以上人口成人识字率变化

【资料来源】1. 中国数据来自国家统计局. 第六次全国人口普查汇总数据［EB/OL］. ht-tp：//www. stats. gov. cn.

2. 其他数据来源于全民教育全球监测报告 2012［M/OL］. http：//www. unesco. org

（二）中国成人学历水平总体偏低，接受继续教育具有需求和潜力

1. 我国25—64岁年龄段受过高等教育人口占各国受过高等教育总人口比重提高

图6.4是各国25—64岁年龄段受过高等教育的人口占所有统计国该年龄组受高等教育总人口的比例，通过这一比例，可以看出在国际化背景下，各国高等教育和继续高等教育的发展空间。

我国2000年在所有统计国家中占12%，排在美国之后，位居第二。如果用2012年的统计数据有可能与美国相差无几。但由于我国人口基数大，因此，需要接受高等继续教育的人口仍占很大比例，继续教育还有很大空间。

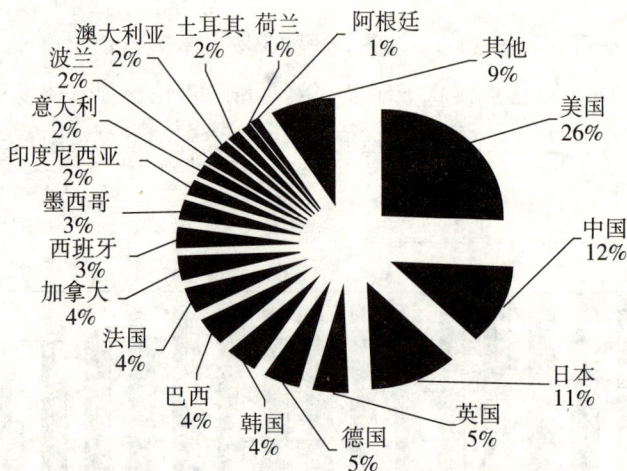

图6.4　部分国家25—64岁年龄组受高等教育人口占所统计国总量的比例

注：阿根廷为2003年数据，中国为2000年数据，印度尼西亚为2007年数据。
【资料来源】根据经济合作与发展组织《教育概览2011》相关数据绘制而成。

2. 我国25—64岁人口接受高等教育潜在机会大

OECD各国25—64岁人口中受过高等教育的人口比例，2009年的平均值为30%，其中，加拿大25—64岁人口中受过高等教育的比例最高，达50%，日本为44%，美国为41%。我国2011年的比例为10%，低于OECD国家平均值20个百分点（见表6.4）。OECD各国25—64岁人口中

拥有高中学历人口比例为44%。我国为14.8%，远远落后于OECD各国平均水平。这一方面说明我国高等教育与国外还存在很大差距，另一方面说明与其他国家相比，这个年龄段的人口需要接受继续高等教育。

表6.4 部分国家受过高等教育的人口比例及潜在机会

	25—64 岁（%）
俄罗斯	54
加拿大	50
以色列	45
日本	44
美国	41
新西兰	40
韩国	39
澳大利亚	37
芬兰	37
挪威	37
英国	37
爱沙尼亚	36
爱尔兰	36
卢森堡	35
瑞士	35
丹麦	34
比利时	33
冰岛	33
荷兰	33
瑞典	33
西班牙	30
OECD 平均	30
法国	29
德国	26
希腊	24
斯洛文尼亚	23
智利	22

续表

	25—64 岁（%）
波兰	21
匈牙利	20
奥地利	19
捷克	16
墨西哥	16
斯洛伐克	16
意大利	15
葡萄牙	15
土耳其	13
巴西	11
中国	10

【资料来源】1. 中国数据来自国家统计局. 第六次全国人口普查汇总数据［EB/OL］. ht-tp：//www. stats. gov. cn.

2. 其他国家数据来源于经济合作与发展组织. 教育概览 2011［EB/OL］. http：//dx. doi. org/10. 1787/888932459850.

从图6.5 可以看出，我国25—64 岁人口接受高等教育的比例在世界上还比较低，因此，还需要加大力度，加快发展继续教育，提升成人学历水平。

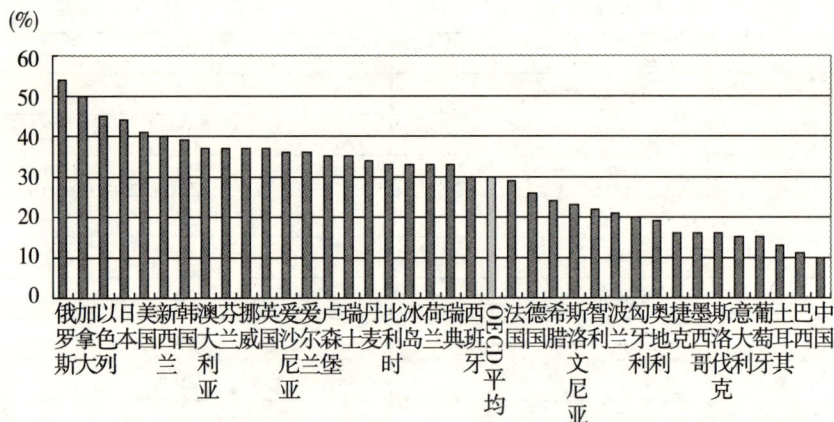

图 6.5　部分国家 25—64 岁受过高等教育人口比例及潜在机会

【资料来源】根据经济合作与发展组织《教育概览 2011》相关数据绘制而成。中国数据为 2011 年第六次人口普查数据，其他国家数据为 2009 年数据。

3. 我国 25—34 岁年龄段接受高等教育人口比例低于 OECD 平均值

从 25—34 岁人口接受高等教育的比例来看，我国 25—34 岁人口中接受高等教育的占 17.94%，低于 G20 国家和 OECD 国家的平均值。与 G20 国家平均值相差 18.10 个百分点，与 OECD 国家平均值相差 19.05 个百分点（见表 6.5）。

从 55—64 岁人口接受高等教育的情况来看，我国 55—64 岁人口中接受高等教育的占 3.60%，比 G20 国家平均值低 18.53 个百分点，比 OECD 国家平均值低 18.75 个百分点（见表 6.5）。

从上可以看出，无论从国际比较的视角来看，还是从我国自身来看，需要接受继续教育的人口，尤其是需要接受学历继续教育的人口比例还很高，继续教育的空间还很大。

表 6.5　部分国家按年龄组划分的高等教育学历人口百分比（%）

	25—34 岁	55—64 岁		25—34 岁	55—64 岁
OECD 平均	36.99	22.35	芬兰	39.39	28.96
G20 平均	36.04	22.13	西班牙	38.22	16.55
韩国	63.10	13.25	爱沙尼亚	36.55	32.76
加拿大	56.10	40.68	冰岛	35.84	22.77
日本	55.67	27.41	波兰	35.45	12.63
俄罗斯	55.48	44.48	智利	34.94	16.64
爱尔兰	47.56	20.22	斯洛文尼亚	30.38	16.68
挪威	46.83	27.18	希腊	29.40	14.97
新西兰	46.74	33.68	德国	25.66	25.28
卢森堡	45.08	25.03	匈牙利	25.07	16.28
英国	44.86	28.66	葡萄牙	23.34	7.43
澳大利亚	44.78	29.30	奥地利	21.06	15.94
丹麦	44.75	25.85	斯洛伐克	20.59	12.14
法国	43.17	18.00	捷克	20.24	10.82
以色列	42.92	45.02	墨西哥	20.17	9.76

续表

	25—34 岁	55—64 岁		25—34 岁	55—64 岁
比利时	42.48	23.36	意大利	20.16	10.27
瑞典	42.32	26.92	中国	17.94	3.60
美国	41.06	40.84	土耳其	16.64	9.93
荷兰	40.12	27.41	巴西	11.58	8.92
瑞士	39.98	28.29			

从图 6.6 可以看出，几乎所有国家 25—34 岁人口中高等教育学历的人口比例都高于即将离开劳动力市场的一代（55—64 岁）。我国也是如此，而且从图中可以看出，我国 24—64 岁人口接受高等教育的比例处在后位，说明这个年龄段的人口在接受高等教育方面还有很大的空间。

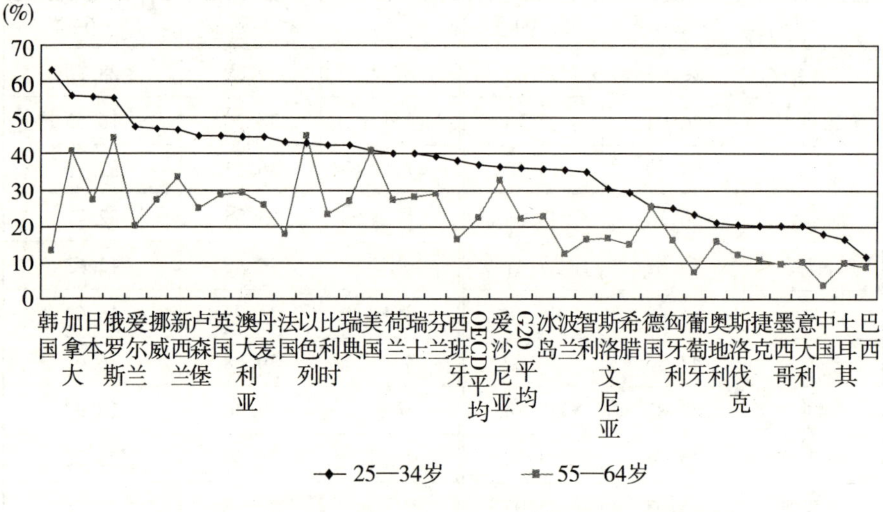

图 6.6　部分国家按年龄组划分的高等教育学历人口百分比

【资料来源】1. 中国数据来自国家统计局．第六次全国人口普查汇总数据 [EB/OL]．ht-tp：//www.stats.gov.cn.

2. 其他国家数据来源于经济合作与发展组织．教育概览2011 [EB/OL]．http：//dx.doi.org/10.1787/888932459850.

4. 我国劳动力人口受教育程度有待提高

根据《国际统计数据 2010》，我国 2000 年劳动力人口接受中等教育的比例为 17.3%，接受高等教育的比例为 12.7%（见表 6.6）。尽管近年高等教育大众化，培养了大批高素质劳动者，但由于我国人口基数大，因此，劳动力人口接受教育的程度有待于进一步提高。

表 6.6　部分国家劳动力人口教育程度构成比较

	初等教育（%）		中等教育（%）		高等教育（%）	
	2000 年	2007 年	2000 年	2007 年	2000 年	2007 年
中　国			17.3		12.7	
柬埔寨			8.4	17.7		
印度尼西亚		55.7		20.6		6.5
伊　朗		50.4		22		15.4
以色列	15.2	5.9	35.3	7.3	48.6	84
日　本	17.2	60.1	47.7		35	39.9
哈萨克斯坦		6.0①		44.0①		50.0①
韩　国	32.5	23	43.5	42	24	35
马来西亚		19.3		56.3		20.3
蒙　古			14.1		37.2	
巴基斯坦		16		11		22.9
菲律宾		31.7		38.7		27.7
新加坡	25	27.7	25.3	48.6	36.6	23.7
斯里兰卡	67.5	67.5	16.5	15.9	12.3	16.5
泰　国			19		32.2	
越　南			12.4	17.4①	22.3	24.7①
埃　及			21.3		49.1	
南　非		33.6	24.1	47.9	60.9	13.4
加拿大	18	13.8	42.6	40	39.4	46.2
墨西哥	20.2	57	29.1	20	25.4	17.3
美　国	13.7	9.5	51.5	29.4	34.8	61.1
阿根廷		35.3②		33.6②		29.5②
巴　西		42.9②		28.9②		8.6②
捷　克	10.5	7.1	78.2	78.5	11.3	14.4

续表

	初等教育（%）		中等教育（%）		高等教育（%）	
	2000 年	2007 年	2000 年	2007 年	2000 年	2007 年
法　国	28.6	26	46	44.3	25.4	29.4
德　国	17.8	17	58	59	24.2	23.9
意大利	47.6	39	39.8	44.3	11.4	15.7
荷　兰	30.7	60.9	45.1	30.5	23.8	3.3
波　兰	15.7	10.2	68.7	68.3	15.6	21.5
俄罗斯		6.4		41.1		52.5
西班牙	53.3	43.8	19.2	24	26.9	31.8
土耳其	71.4	56	18.9	21.9	9.7	13.1
乌克兰		11.7③	20.8	43.1③	13.3	45.2③
英　国	17.8	21.5	47.4	45.9	26.1	31.9
澳大利亚	29.3	28.3	43	39	27.6	32.7
新西兰	0.6	17.9	43.1	41.1	33.2	37.3

注：①2004 年数据。②2006 年数据。③2005 年数据。

【资料来源】中华人民共和国国家统计局．国际统计年鉴 2010［EB/OL］．http：//www. stats. gov. cn/tjsj/qtsj/gjsj/2010/t2011 - 06 - 30.

5. 我国成人平均受教育年限高出世界平均水平 0.1 个百分点

联合国开发计划署"2011 年人类发展及人类发展指数排名"显示，世界各国成人平均受教育年限为 7.4 年，成人平均受教育年限最高的挪威为 12.6 年，最低的是莫桑比克，仅 1.2 年。我国成人平均受教育年限为 7.5 年，高出世界平均水平 0.1 年（见表 6.7）。

表 6.7　部分国家成人平均受教育年限

	成人平均受教育年限（年）	人均国民总收入（2008 年不变价国际元）	教育指数
世　界	7.4	10631	
超高人文发展国家	11.3	37225	
高人文发展国家	8.3	12286	
中等人文发展国家	6.3	5134	

续表

	成人平均受教育年限（年）	人均国民总收入（2008 年不变价国际元）	教育指数
低人文发展国家	4.1	1490	
超高人文发展国家			
新西兰	12.5	25438	1
美　国	12.4	47094	0.89
德　国	12.2	35308	0.88
日　本	11.5	34693	0.84
法　国	10.4	34341	0.83
意大利	9.7	29619	0.8
英　国	9.5	35087	0.78
新加坡	8.0	48893	0.72
高人文发展国家			
墨西哥	8.7	13971	0.7
马来西亚	9.5	13927	0.7
俄罗斯	8.0	15258	0.7
巴　西	7.2	10607	0.6
哥伦比亚	7.4	8589	0.6
中等人文发展国家			
中　国	7.5	7259	0.6
泰　国	6.6	8001	0.6
菲律宾	8.7	4002	0.6
蒙　古	8.3	3619	0.7
印度尼西亚	5.7	3957	0.5
南　非	8.2	9812	0.7
越　南	5.5	2995	0.5
印　度	4.4	3337	0.4

续表

	成人平均受教育年限（年）	人均国民总收入（2008 年不变价国际元）	教育指数
柬埔寨	5.8	1868	0.5
巴基斯坦	4.9	2678	0.4

【资料来源】中华人民共和国国家统计局. 国际统计年鉴 2010〔EB/OL〕. http：// www. stats. gov. cn/tjsj/qtsj/gjsj/2010/t2011－06－30.

（三）中国继续教育规模位居世界前列，但继续教育发展水平与发达国家差距明显

我国继续教育内涵丰富、体系完备、形式多样、发展规模居世界前列。2010 年，学历继续教育规模达 1512.77 万人，非学历成人培训规模达 5624.81 万人；企业职工培训规模达 9000 万人次，累计有 6000 万人次获得各种职业资格证书。全国专业技术人员参加继续教育达 3000 多万人次，培训近 14000 名中高级专业技术人才，新疆、西藏专业技术人才特殊培养工程共培养 520 名少数民族专业技术人才，青海三江源人才培养工程共培养专业技术人才 6300 多人次。全国共有就业训练中心 4083 所，民办培训机构 19287 所，共组织开展各类职业培训 2200 万人次，包括：企业在职培训 613 万人次，"两后生"① 劳动预备制培训 262 万人次，城镇失业人员再就业培训 386 万人次，各类农民工培训 1080 万人次，创业培训 145 万人次。建立起以卫星、电视联网为载体的远程教育和教学服务平台，现代远程教育的骨干——广播电视大学系统，已成为世界规模最大的高等学校系统。但中国继续教育基础相对薄弱，继续教育管理体制、发展机制、人才培养模式、质量评估等与发达国家存在较大差距。

美国有 3200 所高等院校，其中有 2/3 设立继续教育部、继续教育学院和继续教育中心。20 世纪 80 年代中期，美国哈佛大学的大学后继续教育

---

① 指初、高中毕业后未能继续升学的贫困家庭中的富余劳动力。

规模已达到每年度 4.5 万人次以上，是该校正规研究生和本科生总数的 3
倍；威斯康星大学接受继续教育的学生是正规学生的 9.4 倍。美国企业特
别是高科技企业都具备较强的科研开发实力，拥有一批优秀的科研人员，
为企业产品的更新换代，为企业在激烈的技术竞争中立于不败之地，立下
汗马功劳。之所以科研人员能够做到这些，一方面是科研人员知识起点
高，大多数受过本科以上教育，且不少是硕士或博士毕业生；另一方面，
与他们频繁接受各种继续教育是分不开的。在美国，高等院校一般都附设
继续教育学院，有的增设继续教育系、继续教育中心，为本区提供学分课
程和各种进修机会①。

　　美国大学的继续教育形式多种多样，有 112 所大学设置了短期大学或
夜大学，其中 13 所大学的夜大学招收博士、硕士研究生，有上万个各种类
型的大学后继续教育培训中心，其经费、师资、房产、设备等都得到政府
与企业的支持与赞助。一些名牌大学的继续教育由于与社会需求紧密结合
而深受欢迎。乔治·华盛顿大学职业教育中心的专业就变化很快，基本上
紧跟社会市场的需求以及学生的需求。一些公司及政府部门为了节省开
支，不愿在许多领域雇用专家来培训职员，因而来职业教育中心看看目
录，若有符合他们的专业，便要求职业教育中心修改课程以符合他们的需
要。公司、政府部门需要这样的学校为其服务，继续教育在美国已完全市
场化、产业化，具有广阔的发展前途②。

　　我国继续教育缺乏与市场经济相适应的运行机制，支撑条件有待完
善。我国继续教育的重点放在工业和农业，对象集中在高层次技术人才的
培养，形式有学术交流、实地调研、短期培训等，渠道主要是单位自办、
外单位代培、考察、参观、专家讲座等，但内容空泛、针对性差，不能与
学员工作生产紧密结合，在学习形式、渠道和种类上带有一定强制性，缺
乏灵活性和实用性，不能与学员的实际情况相结合，因此继续教育效能不
高、操作性不强、学员积极性不高③。

---

①　许虎. 美、日、法继续教育发展对我国的启示 [J]. 继续教育，2008 (7).
②　许虎. 美、日、法继续教育发展对我国的启示 [J]. 继续教育，2008 (7).
③　许虎. 美、日、法继续教育发展对我国的启示 [J]. 继续教育，2008 (7).

二、各国继续教育发展经验及特色

尽管世界各国由于经济社会发展水平不同、历史文化背景不同、教育发展水平和程度不同、对继续教育内涵的理解不同，继续教育具有各自的特色，但各国都不约而同地在政策立法、发展模式、多元投资、资源共享、质量保障等方面做出了许多有益尝试，或许可以给我国的继续教育提供许多启示。

（一）注重依法发展继续教育

继续教育的法制化已成为各国发展继续教育事业的有效手段。尤其是20世纪60年代以来，由于国际经济竞争日益加剧，加之新技术革命的挑战，继续教育的地位和作用日益凸显，世界各国为了保证和推动继续教育发展，相继制定了继续教育法律和法规。

如在美国，为了积极推动继续教育发展，美国颁布了一系列法律。如1862年通过《莫里尔法案》，1958年通过《国防教育法》，1961年通过《地区再发展法案》，1963年颁布《职业教育法案》，1964年颁布《经济机会法案》，1965年颁布《高等教育法案》[①]。尤其1966年出台的《成人教育法案》，对成人教育的目的、任务、内容、教师培训、管理体制、经费等问题做了全面而系统的规定，确立了美国成人教育的法律地位，为美国继续教育的发展奠定了良好的基石。此外，还制定了《全面就业与培训法案》（1973年）、《青年就业与示范教育计划法案》（1977年）、《职业训练合作法案》（1982年）、《职业训练计划》（1992年）等法律[②]。上述法案均对美国继续教育的发展产生了重大影响。

在英国，早在《1944年教育法》中就首次使用"继续教育"的概念，

---

① 刘奉越. 美国继续教育的特色［J］. 继续教育研究，2006（1）.
② 殷明. 从美国经验看我国继续教育的发展取向［J］. 继续教育研究，2008（2）.

并确立了继续教育的地位、主体等相关内容。1964 年颁布《工业培训法》，1973 年颁布《就业培训法》，1992 年颁布《继续教育与高等教育法》①，英国教育和技能部于 2002 年发表了《为了每一个人的成功——改革继续教育和培训》，2005 年发表了《14—19 岁教育和技能》白皮书，2006 年发表了《继续教育：提高技能，改善生活机遇》白皮书。根据继续教育白皮书的建议，英国议会于 2007 年 3 月颁布了《继续教育和培训法》。该法从法律上确保了继续教育在国民教育中的地位，明确了政府和企业对继续教育的责任，保证了继续教育的财政拨款，为继续教育的改革和发展奠定了坚实基础，确保了英国继续教育改革和发展的顺利进行②。

在法国，通过立法把发展继续教育作为国家基本政策固定下来，保证继续教育的发展与社会需求相适应。1956 年《终身教育草案》第一次在官方文件中正式使用"终身教育"概念，对法国战后成人教育理论和实践的发展产生了较大的影响。1960 年的《高等教育基本法》规定大学要协助推行终身教育，开设继续教育课程。1966 年制定《有薪教育假法案》，规定公民有权享受教育假。1968 年的法律对"教育休假"津贴做了规定。1971 年，法国颁布了《终身继续教育法》《职业训练法》《技术教育法》和《企业主承担初等阶段职业技术教育经费法》，后来统称为"1971 年继续职业教育法"。1989 年颁布《教育方针法》，1998 年还制定了振兴终身学习政策执行体制的法律，完善了继续教育的执行体制及措施、经费、机构建设等，立法既保证了法国继续教育事业的发展，也保证了教育所需经费的来源。

在德国，颁布的与继续教育有关的重要立法有《劳动促进法》《职业教育法》《企业宪法》《教育假期法》《高校总体法》《函授保护法》及《公务员法》等，除这些立法之外，各州还有成人继续教育的条例，许多州已把继续教育列入宪法③。德国各州继续教育和成人教育法主要规定了对继续教育设施的公共资助和不同承担者之间的协调问题，北莱茵－威斯

① 驻英国使馆教育处. 英国的教育立法［J］. 世界教育信息，1996（11）.
② 宋宝瑜. 英国继续教育新进展解析与启示［J］. 继续教育，2009（2）.
③ 张晓明. 德国继续教育的发展趋势［J］. 成人教育，1994（1）.

特法伦州的《继续教育法》还包括了向居民提供关于全面进修的发展计划。

在日本，1949 年颁布实施的《社会教育法》是日本关于继续教育最主要的专门法律规范①。1981 年日本中央教育审议会做出《关于终身教育的政策解释》，1990 年日本国会通过《终身学习振兴法案》，同年通过了《关于整备振兴终身学习推进体制的法律》，即《终身学习振兴法》，这是日本第三次教育改革过程中颁布的最重要的法律文件，是日本有关终身学习的第一个法律。1992 年，终身学习审议会提出的《关于适应今后社会发展的终身教育振兴对策》，成为日本迎接 21 世纪挑战的基本战略。2004 年，终身学习审议会就《关于今后终身学习的振兴政策方案》进行了审议，在坚持终身教育的基础上提出了今后发展的基本意见。随着时代的发展，日本继续教育立法将在终身教育理念的指引下重点关注促进年轻人就业技能的提高、促进家庭和社区的教育功能的发挥等方面的内容。

（二）设立专门的管理体制

世界各国为了加强继续教育管理，都设立了相应的管理机构，但是由于各国的国情和管理体制不同，各国继续教育管理体制呈现出不同特点。

美国的继续教育实行分权制管理，联邦、州和地方政府各负其责。此外，非官方组织也在其中发挥了一定的作用。具体而言，美国的继续教育管理体系包括三个部分：一是联邦政府以法律等形式和手段对继续教育进行宏观调控；二是州和地方政府对继续教育进行直接管理，负责管理各相关机构的活动；三是非官方的中介组织对继续教育机构进行协调管理与服务②。

在英国，主要依据《继续教育：提高技能，改善生活机遇》白皮书，对继续教育的管理体制做出全面的规划，形成了"教育和技能部、学习和技能委员会、继续教育和培训机构"三级管理框架结构，并对各级管理部

---

① 袁娟，曹立锋．日本继续教育立法研究［J］．继续教育，2009（6）．
② 教育部．中国继续教育代表团出访日本和美国的考察报告附件［Z］．2012．

门的职能做了清晰的划分①。

在法国，1971 年颁布的继续教育法规定，成立一个隶属于总理的、由国民教育部长任副主任的部际委员会，以及一个常设小组，负责制定与实施继续教育的政策。同时成立一个主要由政府各部代表组成的全国继续教育理事会，协助开展工作。其后于 1977 年成立了国家职业教育部，下设继续教育局，使中央对继续教育的管理机构更加完善。全国各地设立了 22 个派驻机构。各省、区都设立相应的继续教育管理协调机构，集中掌握与分配本地区的继续教育经费，进行平衡调剂。地方机构配有专职或兼职继续教育专员，负责组织、协调继续职业教育工作。各大型企业或企业集团都成立委员会，具体组织实施本企业的继续教育的各项工作，如人员选派、专业确定、经费开支以及组织工作等等②。可见，在法国，从中央到地方各级教育行政部门都成立了专门的继续教育管理机构，这些机构与参与继续职业教育的各级各类学校、企业组织、基金会等非官方组织一起，在全社会形成了一个继续教育网络，有力地支撑了法国继续教育的发展。

在德国，社会各界广泛参与继续教育，成立了多种继续教育机构，形成多样化的办学格局。商贸协会、高等学校、职业和非职业协会、高职学院等机构都根据自己的实际承担着继续教育的总体工作量，有利于继续教育的广泛开展③。德国的多种继续教育机构、多样化的办学格局以及以市场为导向的继续教育组织、以市场为导向的付费培训，有效保证了德国继续教育的数量和质量。

在日本，截至 20 世纪 80 年代末，日本各级政府都是依照 1949 年颁布的《社会教育法》管理和实施社会教育。中央政府的文部省内设社会教育局，地方各级政府教育委员会内设社会教育课（处）。1988 年将文部省的社会教育局改组为终身学习局。1990 年根据《终身学习振兴法》的规定，日本中央和地方政府都设立了终身学习政策咨询审议机构，负责对有关推进终身学习的重要事项进行审议。各级地方政府还分别在教育委员会或相

① 宋宝瑜. 英国继续教育新进展解析与启示［J］. 继续教育，2009（2）.
② 任舒泽. 法国继续教育的特色及其借鉴意义［J］. 法国研究，2009（2）.
③ 张新科. 德国国家教育体系中的继续教育［J］. 中国成人教育，2005（6）.

关局（处）中设立了负责终身学习的部门或终身学习推进中心等，组织实施包括社会教育、继续教育在内的各种学习活动。2001 年日本进行中央行政机构改革，文部省和科学技术厅合并组建文部科学省。与此同时将终身学习局改组为终身学习政策局，统筹日本终身学习政策的制定和政策落实，从终身学习的角度，对学校教育、社会教育及文化体育等相关事项进行规划、政策协调、扶持与支援等。

（三）经费投入多元化

经费是开展继续教育活动的必要条件，继续教育的场所、师资、学习材料等，都需要有足够的资金支撑。没有充足的资金保障，继续教育将受到很大影响。因此，各国都十分重视继续教育资金投入。

在美国，政府除不断增加国家财政拨款外，还以法律、法规的形式明确规定中央和地方政府对继续和成人教育经费承担的比例，规定了企业、产业部门及雇主对职工教育经费所应承担的义务，并积极倡导、鼓励民间团体、个人投资教育，从而有力地保障了成人教育的发展①。例如，《美国成人教育法》颁布后，开展了由联邦政府拨款支持的各种成人培训；1963年《美国全国职业教育法》颁布后，美国政府曾拨出大笔联邦经费，用于建立地区职业中心，开展职业教师的训练以及职业教育的科学研究等；而作为美国企业、产业部门，更是意识到培训员工所能带来的巨大经济效益，大力为其职工支付培训费用。

在英国，为了保证继续教育的资金，建立了多元投资体制，保证了继续教育的资金②。一是加大继续教育的资金投入力度。二是保证继续教育经费资助的优先重点投入。在英国，25 岁以下青年学习普通国家职业资格课程是完全免费的，对于 25 岁以上成年人的继续教育实行部分免费制度，国家为他们支付 50% 左右的学习费用，具体的资助额根据所学课程而定。三是实施"三年经费协议"计划。英国继续教育经费政策的这项重大变

---

① 教育部. 中国继续教育代表团出访日本和美国的考察报告附件［Z］. 2012.
② 宋宝瑜. 英国继续教育新进展解析与启示［J］. 继续教育，2009（2）.

革，促使学院能够以学生为核心努力提高办学质量，督促各办学机构在相对较长的时期内有计划地发展，从而确保了继续教育的可持续发展。

在法国，继续教育的资金来源主要有两个方面。首先是国家所提供的资助。这些资助一部分用于部际委员会所制定的继续教育的优先发展方向，以增强政府的调控与干预能力；一部分用于拨款资助培训机构和有关团体，资助大学、地区和部门的继续职业教育，支付参加培训者的部分工资。其次是雇主向继续教育所提供的资助。1978 年和 1984 年相关法律修订后还进一步规定，职工参加培训期间的工资由企业照发或由培训机构从总培训经费中支出。企业完成各项缴税义务后必须承担至少两项支出：一是要求企业按上一年职工工资 1.5% 的比例提取继续教育经费，用于本企业职工的在职职业培训；二是按上一年职工工资 0.5% 的比例缴纳"学习税"，用于支持职业教育的发展①。除此之外，法国的继续教育经费还有行业部门、社会捐赠等，其经费来源呈现出多元化的特征。

在德国，继续教育资金来源有两个渠道：一是国家及各企业，二是接受继续教育者个人所交的学费和自愿捐款。德国继续教育体系庞大、形式多样，有关继续教育经费详细信息的统计是十分困难的，从总体上讲，主要有四种财政来源为庞大的继续教育体系买单：企业、联邦劳动局、公共财政经费（联邦、州和市县政府）以及继续教育的参加者。近年来，由于继续教育与经济发展及市场因素的关联愈来愈大，所以国家在加大投入的同时，也鼓励个人与市场资源积极参与继续教育体系的运行，德国继续教育经费承担者的投入比例发生了不小的变化，企业支出的费用下降了而国家支出的经费部分提高了。德国继续教育经费承担者的投入比例的变化彰显出政府对继续教育的重视②。

在日本，政府不但立法保证继续教育的实施，而且在经费上给予极大的支持。如 1995—2000 年，日本每年的人均社会教育费有 2 万多日元。日本社会教育费主要由地方政府拨款，其百分比高达 98% 左右，中央拨款仅

---

①　任舒泽. 法国继续教育的特色及其借鉴意义 [J]. 法国研究，2009（2）.
②　张新科. 德国国家教育体系中的继续教育 [J]. 中国成人教育，2005（6）.

占 2% 。日本的社会教育经费主要投向公民馆、图书馆、博物馆、体育设施以及其他一些项目，如 2002 年，投向公民馆的费用是 3429.97 亿日元，占 13.64% ；投向图书馆的费用是 3497.21 亿日元，占 13.91% ；投向博物馆的费用是 2904.55 亿日元，占 11.55% ；投向体育设施的费用是 6984.94 亿日元，占 27.78% ；投向其余各项的费用是 8331.3 亿日元，占 33.13% 。充足的经费使得日本的社会教育很发达，人们接受社会教育的机会较多，利用社会教育机构学习的年人均次数为 10 次以上[①]。

（四）企业是继续教育的主力军

在美国，长期以来形成了依靠企业和社会组织增加社会参与的惯例[②]。美国企业举办继续教育，通常根据本企业需要对自己的雇员进行培训，费用较少，且节省时间。教师可以在内部找，也可以在外面请，还可以购买大学所编制的录像、电视讲座等。企业也对本单位工作人员开展继续教育，一般大型企业都设有专管人力资源开发的部门，制订本企业继续教育的计划，开办某种教育课程，对其职工进行知识和技能培训。

在英国，政府在充分发挥政府职能的同时，非常注意吸收企业和社会团体参与继续教育。不仅课程和教学内容的设置充分反映雇主对人才的要求，而且在继续教育的制度建设中也充分考虑雇主的需求，邀请来自工商业界的雇主代表参与继续教育改革方案的设计。

在法国，企业是继续教育的重要办学主体。其做法是：第一，通过立法强制企业承担实施职业教育的义务。法律规定，企业必须为职工提供接受教育的机会，必须接受职业教育的任务，接纳职业教育的毕业生。第二，建立全国性的职业教育与经济领域的对话机制，在学校和企业中建立协作办公室，制定校企协作宪章，制定与中小企业加强联系的政策等。第三，密切联系企业，实行交替教学专业人员的培训。职业教育文凭的设置，由各行业专家构成的职业咨询委员会与教育部门共同确定，使培训内

---

① 周谊. 近 50 年日本的社会教育经费及其使用效果［J］. 学术研究，2004（4）.
② 教育部. 中国继续教育代表团出访日本和美国的考察报告附件［Z］.2012.

容与实际要求相适应。同时用整个教学 1/4 的时间安排企业实习，培养学生的实践能力。尤值得一提的是，20 世纪 70 年代后出现了国家和企业联合办职业学校的新形式①。

在德国，企业是德国继续教育特别是职业继续教育的主力军，它是最大的继续教育供给者，有近 60% 的企业为职工提供培训课程，企业也向社会提供培训活动。其中 90% 以上的银行和保险企业为员工提供培训，以行业划分比例是最高的，最低的比例在旅游服务业，仅 25% 的企业提供继续教育培训②。

在日本，继续教育被纳入企业管理之中。日本企业中有 32.4% 设有自己的继续教育培训机构，像丰田、松下、日产、三洋、本田等大企业都设有自己的培训中心或研修所。除企业内的教育培训外，日本还有近百个社会性的专业培训教育机构，这些机构有雄厚的教学力量和完善的教学设施，一般与各公司有长期协作关系③。日本企业家认为"造物必先造人"，给员工提供教育是一种必需的投资并且比设备投资更重要，没有教育投资，设备投资就不能发挥作用。

（五）注重质量保障

立法、管理机构和经费是继续教育得以顺利开展的必要条件，但事实上，这些条件并不能完全保证继续教育的质量。因此，为了保证继续教育质量，各国十分注重评估等措施的制定和实施。

如在美国，联邦政府在一系列教育战略规划和教育立法中都强调采取具体措施保障和提高继续教育的质量。美国对于继续教育质量的保障措施主要体现在以下六方面④。一是严格项目审批和管理。为了保证继续教育投资效益，联邦和州政府严格规范了对相关教育项目的审批和管理，以确保课程和项目的质量。办学单位每年需要向州教育部上报开设继续教育课

---

① 任舒泽. 法国继续教育的特色及其借鉴意义 [J]. 法国研究，2009（2）.
② 徐朔. 德国继续教育的现状和发展趋势 [J]. 外国教育研究，2003（2）.
③ 沈晓慧. 日本继续教育发展概述 [J]. 职业与成人教育，2009（8）.
④ 教育部. 中国继续教育代表团出访日本和美国的考察报告附件 [Z]. 2012.

程清单，并根据需要补加新的课程项目。二是强调绩效评价。《教育部2002—2007年战略规划》强调中等后教育机构和成人教育项目的问责制度，将预算与绩效挂钩，将拨款与成效联系起来。为此，联邦教育部每年的财政结算报告都列出完整的项目绩效评价结果，对所有联邦资助的继续教育项目进行绩效评价。三是推广技能标准考核制度。各州建立了评估继续和成人教育以及职业培训学习效果的州立标准及考核制度，根据设立的课程标准对学生的技术技能进行测试、评估。四是开展以实践为核心的研究与指导。1995年成立的"国家中等后教育、图书馆和终身教育研究所"也着重关注成人教育领域的研究开发及对成人教育活动的指导和评价。五是重视继续教育师资培养。为了加强专职继续和成人教育教师队伍建设，《成人教育法》规定，联邦拨给各州的款额中必须有一定的数额用于培训已从事或即将从事成人教育工作的人，使其成为称职的成人教育专业人员。六是充分利用现代信息技术，不断提高继续教育的效率和质量。利用网络实施继续教育已经成为员工培训的常用方式，培训课程网络化、网络培训制度化已经成为目前各大企业继续教育的新特征。大学系统也都建立了自己的网络远程培训体系，有效地保证了继续教育的效率和质量。

在英国，为保证继续教育质量，建立了严格的质量监控与保障体系①。一是完善质量监控与保障体系。英国继续教育质量保障相关的机构及其主要职责是：继续教育全国培训组织主要负责质量认证和继续教育国家标准的推广；质量改进委员会主要负责义务教育之后阶段教育质量的改进工作；教育标准处主要负责青年教育（16—25岁年龄段教育）的质量评估；成人教育评估局主要负责成人继续教育和培训的质量评估。二是研究制定继续教育教学标准。该标准主要包括三个要素：专业知识和理解力、技能和品质、教学的关键能力。有了一套公认的教学标准，有助于继续教育教师提高继续教育教学质量，也为专业发展活动和各个教育机构的招聘、评价和培训提供统一标准。三是建立新的质量评估体系。2006年10月，英国质量改进委员会发表了一份题为《追求卓越》的文件，为提高继续教育

---

① 宋宝瑜. 英国继续教育新进展解析与启示［J］. 继续教育，2009（2）.

的整体质量制定了具体措施。根据这一文件，英国政府将采用新的质量评估体系，其评估指标包括责任心、有效性、财政状况等。

在德国，其继续教育的重点和首要目标是教学效果，以教学效果的好坏为尺度衡量办班的成本。主要通过三个环节实现这一目标，即：完善继续教育体制；提高继续教育管理者素质；增强学习、教学效果。当然，保证继续教育课程质量的另一个关键因素是建立完善的继续教育体制，如管理组织机构和继续教育法规等，它是继续教育事业蓬勃发展的前提条件，决定继续教育能否顺畅进行①。

近年来，德国继续教育机构吸取了工商业质量标准管理的做法，在继续教育领域建立推行一系列的质量测试保障等体系，成为德国继续教育质量管理的一大特色②。德国继续教育质量管理体系由权威成人教育研究机构和主要的成人教育联合会共同参与制定。其质量管理体系主要包括机构与项目规划质量、课程教学质量、组织机构管理质量以及教学成果质量。机构与项目规划质量主要是指继续教育机构的建立方案、学习项目规划、规划信息发布等方面的质量；课程教学质量包含师资力量、指导人员的配备力量、课程质量、学生对教学过程的评价和反馈等内容；组织机构管理质量包括管理组织结构、工作岗位、工作条件、职员的交流与合作、职员培训进修的范围、机构的发展空间等；教学成果质量则指学习成果和教学效率、学生的满意度、社会效果等。

---

① 陈萃光，张素江．德国继续教育管理的特点［J］．中国成人教育，2000（9）．
② 戴凌云．德国继续教育的质量保障［J］．继续教育，2012（2）．

［第七章］
中国继续教育发展展望

2012 年全国各地深入贯彻落实《国家中长期教育改革和发展规划纲要（2010—2020 年)》和《国家中长期人才发展规划纲要（2010—2020 年)》精神，积极采取各种措施，深入开展继续教育活动，取得了一系列可喜成绩，为今后我国继续教育的发展奠定了良好的基础。

但从我国的实际来看，继续教育仍然是我国教育体系中较为薄弱的环节。教育观念相对落后，总体参与率不高；优质资源不足，共享程度偏低；教学内容、方法和手段需要进一步改革，质量保障体系有待健全；统筹管理体制尚未形成，经费投入机制很不完善，制度和法律法规不够健全等。因此，还不能完全适应经济社会快速发展的需要和广大人民群众日益增长的多样化学习需求，改革和发展的任务十分繁重。

《国民经济和社会发展第十二个五年规划纲要》提出，要"加快发展继续教育，建设全民学习、终身学习的学习型社会"。《国家教育事业发展第十二个五年规划》提出，要把发展继续教育作为建设学习型社会的重要战略举措，在全社会树立终身学习的理念，形成"广覆盖、宽领域、多层次"的继续教育体系。

根据 2012 年全国各地继续教育发展状况和《国民经济和社会发展第十二个五年规划纲要》以及《国家教育事业发展第十二个五年规划》提出的新要求，可以预期，未来一段时期，我国继续教育将在全民普惠、质量提升、制度创新等方面呈现许多新面貌。

一、继续教育向全员化、终身化发展

构建和形成"广覆盖、宽领域、多层次"，全民普惠的继续教育体系，是我国继续教育的发展目标。而实施信息化和对现有继续教育机构进行优化，无疑是实现上述目标的有效途径。

（一）继续教育手段不断信息化

随着信息化时代的到来，信息化在继续教育中的地位和作用日益被国内外认可。《国家教育事业发展第十二个五年规划》提出，要"充分发挥现代信息技术在继续教育中的作用。以卫星电视、互联网为载体，联合高等学校、行业企业和社会组织，整合继续教育资源，建设开放、共享的继续教育服务平台，充分发挥大众传媒继续教育功能，努力为全体社会成员提供各种不受时间和空间限制、高质量的教育和学习服务"。

2012 年，在教育部、财政部"终身学习服务体系的建设与示范"系列项目之"普通高等学校继续教育数字化学习资源开放服务模式的研究及应用"项目基础上，由北京大学牵头，联合国内不同层次、不同类型的 103 所普通高等学校建立起来的协作性组织，首批将有 2000 门（个）资源陆续面向社会免费开放。

"普通高等学校继续教育数字化学习资源开放联盟"（以下简称"资源开放联盟"）是为了充分发挥普通高等学校继续教育资源特色和优势，促进普通高校数字化学习资源建设、开放与共享，推动普通高校自觉参与推动学习型社会建设，适应全民学习、终身学习的时代需要，加快发展继续教育，广泛开展科学普及。

资源开放联盟以"联合协作、共享知识、开放资源、服务社会"为宗旨，采用多媒体网络课件、网络视频公开课等多种形式，整合全国普通高校优质继续教育资源，面向社会开放，努力推进高等学校优质教育资源服务于全民学习、终身学习，满足各类社会成员对优质教育资源的多样化学习需求。

可以预期，信息化建设将大大提高继续教育的总体参与率，大大提高继续教育的普惠程度。今后将实现数千名优秀教师参与、数万门课程开放、数亿人受益的普通高校继续教育学习资源开放服务与应用的目标和任务。

（二）办学和服务体系更加优化

《国家教育事业发展第十二个五年规划》提出，要"发展多样化的继续教育机构。继续办好学校继续教育机构，发展社会化职业培训机构，以广播电视大学为基础建设开放大学，大力建设社区教育中心，完善自学考试制度，办好老年教育机构，形成覆盖城乡的继续教育网络。以企事业单位、政府机关、专业组织为重点推进学习型组织建设，建成一批示范性学习型组织"。

2012年7月31日，中共中央政治局委员、国务委员刘延东在出席国家开放大学、北京开放大学、上海开放大学成立会议时强调，要以现代信息技术为支撑，整合共享优质教育资源，创新教育教学模式，办好中国特色的开放大学，为社会成员提供更加灵活、便捷、公平、开放的学习方式和多层次、多样化的教育服务，为建设学习型社会和教育强国、人力资源强国做出积极贡献。

刘延东指出，在广播电视大学基础上建设现代开放大学，是满足人民群众多样化学习需求、促进教育公平、克服应试教育弊端和落实素质教育的重要途径，是构建终身教育体系、形成学习型社会的重要支撑，是教育服务国家发展、提高全民族素质的重要措施。

刘延东强调，建设开放大学要坚持科学定位，突出办学特色，强调面向人人，实现校园教育向社会教育延伸，实行学历教育与非学历教育并重，通过学分积累和转换等方式建立与普通高校有效对接的"立交桥"。要深化办学模式和人才培养模式改革，建立严格而有弹性的教学管理制度和宽进严出的学习制度，使注册、学习、考试更加灵活方便，健全质量标准和保证体系，全面提高教育质量。要推进信息技术与教育教学深度融合，完善以学习者为中心、基于网络自主学习、远程支持服务与面授相结合的教学方式，创建友好的数字化学习环境。要加快推进优质教育资源共建共享，着力扩大优质资源种类、总量和覆盖面，为各类人群特别是基层学习者提供更好更多的教育服务。要加强国际交流与合作，吸收先进理念和成功经验，不断提升办学水平和国际影响力。

办好开放大学是合理配置教育资源、坚持教育公益性和普惠性原则的有效途径。属于低门槛、宽进严出、低成本、基于信息化的现代远程开放大学向所有人开放并尊重学习者的多样化需求。其宽进严出的招生管理制度将成为广大学习者获得学习资格的便捷通道；突破时空的个性化学习模式有助于广大学习者妥善解决工学矛盾；所提供的多次甚至终身的学习机会将有效缓解以往一次性考大学导致的沉重压力，为解决应试教育顽疾助一臂之力。

未来一段时期，中央广播电视大学将着手逐步建设和整合不少于5000门的学历继续教育优质课程、数以万计的非学历继续教育学习资源，构建容量不低于1000TB、能够支持千万级用户多种终端接入和具有终身学习资源检索、应用功能的信息化平台。上海广播电视大学分别成立了城市、农村、女子、老年人、残疾人教育学院，终身学习网络课件容量超过12T，上网学习市民已达200多万人次。北京广播电视大学提供的"国学讲堂""英语语音"等305个视频课程资源，被学习者下载量激增到每周10万次以上。云南广播电视大学开通的多功能终身学习网站，培训全省党政和部分事业单位科级以上干部，规模已达14万人。

与此同时，其他继续教育资源将得到进一步整合，继续教育办学和服务体系将得到进一步优化，继续教育体系将进一步完善，全民普惠程度将进一步提高。

二、从重视规模向注重质量发展

随着继续教育体系的逐步完善，继续教育质量将逐步成为我国发展继续教育的重要任务之一。未来一段时期，在优化继续教育培训机构的同时，质量监督和评估将逐步加强，与此同时，继续教育也将呈现多样化、特色化发展的趋势。

（一）质量监督和评估将逐步加强

从国外继续教育的发展历程来看，一般都是在建立机构、搭建平台之后，在数量达到一定程度之后，逐步过渡到数量与质量并重的时期。

从我国继续教育的实践来看，目前处在发展数量时期，培训机构良莠不齐，许多培训机构由于师资、经费、课程内容等不符合实际，继续教育质量得不到保证。更有甚者，有的继续教育机构借继续教育之名，大行敛财之道，给继续教育工作造成许多危害和不利影响。随着培训机构数量的增加，以及社会对继续教育质量不断提出新的要求，继续教育监督和评估将逐步加强，继续教育质量问题将逐步提上日程。

（二）继续教育将呈多样化、特色化发展

从我国以往的继续教育来看，主要是参加学历培训的比较多，个人兴趣和素质提升的培训需求很少。随着经济社会的发展和人们生活水平的提高，继续教育的价值取向将发生很大变化。

未来一段时期，继续教育将从单一追求学历和文凭取向，向多样化的方向进行转变。完善自身价值、提升自身技能等的继续教育，将逐渐成为继续教育的价值取向的一个重要部分。因此，这就需要做好和不同层次继续教育机构之间的衔接，不同继续教育在明确自身的特点和办学特色的同时，应积极发展非学历教育特别是大学后继续教育和多层次岗位培训，努力探索符合在职从业人员需要和学习特点的教育形式与途径，实现以学历

教育为主向非学历教育、岗位培训、职业资格证书培训、新知识培训等全方位教育与培训发展转变。

三、法律制度建设将有重大突破和进展

从国外的经验来看，制度是继续教育能够实施并实现可持续发展的可靠保证。从目前我国的情况来看，在继续教育领域还存在着体制机制不完善、政策缺失的问题，因此，未来一段时期，我国继续教育体制机制和政策法规将进一步完善。

（一）体制机制将不断健全

良好的体制机制是继续教育取得成效的先决条件。从我国目前继续教育的实际来看，存在着继续教育管理和协调机构缺失、没有一个统一的继续教育管理机构和谁都管谁都不管的现象。

《国家中长期教育改革和发展规划纲要（2010—2020年）》提出，要"成立跨部门继续教育协调机构，统筹指导继续教育发展。健全继续教育激励机制。鼓励个人多种形式接受继续教育，支持用人单位为从业人员提供继续教育"。因此，未来一段时期，随着国家对继续教育的高度重视，继续教育体制机制将逐步建立健全。

（二）政策法规将不断完善

政策和法律是保证继续教育实施和实现继续教育可持续发展的重要保证。从我国继续教育的实际来看，还存在着法律法规欠缺、政策不到位的情况，严重阻碍着我国继续教育的发展。

《国家教育事业发展第十二个五年规划》提出，要"研究起草推进终身学习的法律法规。制定各领域继续教育发展规划。推动各级政府、行业和企事业单位加大对继续教育的投入。建立继续学习成果认证、学分积累和转换制度，促进不同类型教育之间的衔接和沟通，搭建通过各种学习途径成才的'立交桥'"。因此，未来一段时期，我国继续教育的政策法规建设将逐步得到加强。

总之，随着经济社会的发展和个体对继续教育需求的日益增加，随着我国政府对继续教育的高度重视，我国的继续教育将得到前所未有的发展。未来一段时期，继续教育培训机构数量将继续增加，机构之间的协调将进一步加强；与此同时，继续教育的制度化建设将逐步得到增强，而且随着监督和评估的逐步展开，继续教育的质量将进一步得到提升。我国继续教育将发生新的变化，呈现新的面貌。

［后　记］

　　本报告为中国教育科学研究院 2012 年度基本科研业务费专项基金"国情系列"项目（课题批准号：GY2012007）的研究成果，是集体智慧的结晶，由中国教育科学研究院高等教育研究中心主持完成。课题主持人：赖立；课题组成员：杨红、卢彩晨、郭红霞、王纾、桂庆平、孙诚、张竺鹏、孙继红等。赖立负责课题研究的设计策划、组织协调、调研实施及报告的撰写、修改和统稿。各章节具体分工为：序言由赖立执笔；第一章由桂庆平、赖立执笔；第二章由杨红执笔；第三章由郭红霞执笔；第四章由张竺鹏、孙诚执笔；第五章由王纾、赖立执笔；第六章、第七章由卢彩晨执笔。在研究过程中，张男星给予了悉心指导，孙继红提供了大量数据支持，并参与了部分数据统计处理和分析。

　　本报告得到教育部职业教育与成人教育司、中国成人教育协会及中国教育科学研究院有关领导、专家的关注、支持和帮助，在此一并表示衷心感谢。

出 版 人　所广一

责任编辑　孔　军

版式设计　孙欢欢

责任校对　贾静芳

责任印制　曲凤玲

图书在版编目（CIP）数据

中国继续教育发展报告 . 2012/赖立等著 . —北京：
教育科学出版社，2012.12
　（国情教育研究书系/袁振国主编）
　ISBN 978 – 7 – 5041 – 7231 – 0

　I. ①中… Ⅱ. ①赖… Ⅲ.①继续教育—研究报告—
中国—2012　Ⅳ.①G729.2

中国版本图书馆 CIP 数据核字（2012）第 301108 号

中国继续教育发展报告 2012
ZHONGGUO JIXU JIAOYU FAZHAN BAOGAO 2012

出版发行	教育科学出版社	
社　　址　北京·朝阳区安慧北里安园甲9号		市场部电话　010 – 64989009
邮　　编　100101		编辑部电话　010 – 64981167
传　　真　010 – 64891796		网　　址　http://www.esph.com.cn
经　　销　各地新华书店		
制　　作　北京金奥都图文制作中心		
印　　刷　保定市中画美凯印刷有限公司		
开　　本　169毫米×239毫米　16开		版　　次　2012年12月第1版
印　　张　13		印　　次　2012年12月第1次印刷
字　　数　184千		定　　价　32.00元

如有印装质量问题，请到所购图书销售部门联系调换。